A. Mpunga wa Ilunga

# Byà kumanya pa nSèlàngànyì ku BaLubà

## Mfumu Mwena-bu-Kola (*Mn-k3.w-R*ᶜ) ne Mwadi-a-Lubanza
### ku bidimu **4548-4530** kumpala kwetu

Mwena-bu-Kola ne Mwadi-a-Lubanza (4548-4530 k.k.)

Bena CiKama-cya-kale bavwa bwa kufunda "Muntu", bazola "mulume-ne-mukaji" :

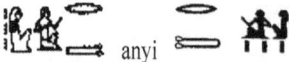

🐦📜 anyi 📜 👫 . Mu dibaka ke mudi muntu ulwa Muntu mujima. Mudimu wa shushukulu Mpunga pa diBaka udi uleja njila wa dilwa Muntu mulelela ne wa dinemeka Bumuntu mu nsombelu wetu (Afrobbok, M. Bilolo).

---

# CIFUFU CYA NGENYI YA MUFIKA

NKONGA-BANTU: DYAPU DYA BALUBA BASANGA

_____Lukunda 1_____

MPUNGA WA ILUNGA

# BYÀ KUMANYA PA NSÈLÀNGÀNYÌ KU BALUBA

**AFROBOOK**

PARIS – KINSHASA - MUNICH

*Mukanda mupatula ne dyambulwisha dya*
*shushukulu Kabongo Kanundowi*

CIP - Titelaufnahme der Deutschen Bibliothek
Mpunga wa Ilunga :
**Byà kumanya pa nSèlàngànyì ku BaLuba**
(Collection: Lubalogie, Vol. 1)
Munich-Kinshasa-Paris: Afrobook , 2008
ISBN 978-3-931169-11-4

© 2007 Afrobook
All rights reserved.
Typeset at AUS-PUA, Germany
Afrobook, Bahnweg 9b,  D-85417 Marzling / Germany
afrobook@yahoo.de Tel.: 00-49-8161-402760

**ISBN 978-3-931169-11-4**

# 0. Mbangilu

Mukàndà ewu mmufùnda bwà kuvùlwija bunêma bwà
dibàkà ku Balubà nè kuleeja mùdì dilondangana dyà
myandà ìdì ìtàngila nsèlàngànyì. Menji èètù mmatàngija
kùdì bansongàlùme nè bansongàkàjì bàdì bàjinga mwà
kubwela mu dibàkà. Tujinga sè, bàmanyà miji yàbò nè
ngenzelu milenga ìdì nè mushinga mukolè mu cisàmbà
cyàbò. Bàmanyà kàbìdì myandà minènè ìdì ìfùma ku
wàbò mushìmì ìvwà bankambwà bàlondela ndelàngànyì
ànu mukana. Menji èètù mmatùma kàbìdì kùdì baledi
bàdì nè dijinga dyà kusèlesha bânà bààbò mu bulongàme.
Kiipàcìlà kèètù nkusòbola myandà minènè ìtù yènzeka ku
balubà mu mêkù mashìilàngàne, kuyìfùnda bwà twêtu
kulwisha cipwàmwòyì nè kwepela butentùlàvì.

Muntu yônso wa bushùwà ewu ùdi ùsuna bukolà bwèndè
mu myandà yà bèndè bankambwà. Yôyi eyi ki ìdì
ìmudìisha, ìmupà bwèndè buumùntù, ìnànku, yêye
kudìmanya, kudìnanga nè kumòna mwà kumvwa
bakwàbò nè kuneemeka byàbò biibidilu.

Leelù wa ndayà ewu, biibidilu byà mìshindù nè mìshindù
bìdì bìfùma ku nseka nè nseka, bìdi bìjànguluja babûngi,
bìbènza baa *cyupukila maswa*, bìbàfikisha ku dibènga
yàbò miji nè kudidìpeetula bôbo biinà. Bàkaadi bashààla
bu bantu bàdì kabàyi nè byàbò biibidilu nè yàbò ngenzèlù
mu nsèleshilu wa bâna. Ki mùdìbo bàfika nè kuditùmina
bakù bààbò « facture » dibàkà dyà mwâna dyênza bu
mushinga bèndela pambidi pà nsongàkàjì. Bwà
kushìikija, bàvwa kutentekelapù nè « lista » wa byà

kufìla ku bukù, bàpwa mwoyi nè *ku bukù nku dyala.* Pawàfùndilà mukù webè lista wa byûma, mbwena kwamba nè, mukù ewu kêna mwà kwambulwisha tâ kuvuluka mwena dîkù dyènù nànsha umwe to, bwalu, mukù wa mukana nèàkupeepèjà, kàkukwangata nè mushinga to. Dyà mwandà mukukwàta, neàkwebèjà cìdì cishààla pa lista cìdìyi kàyi mufìla. Ebi bìdi bìnyanga nsòmbelu. Ku Balubà, disèlesha mwâna dìdi mwandà munènè wà kwangata nè kaneemu.

Cînga cilèlù cyà leelù ncyà bàdì bàsèla, bàvwila baledi bàà mukàjì nè bantu mulongulongu, bàpàta nzùbu tèntè bu mu cisalu, mukù wabò kàcìyi ùmòna mwà kubàsòmbesha bilenga. Bàvwa kutwàdija muyuukì nè dyelela mwâna mbìlà, bàbala byûma ku mêsu àà bantu bônso batùùla nkàmà nè nkàmà, bàkètununa màkùtà, bàkenketa bilàmbà bìdì mukù mufìla, byênza bu byà nkòmbù. Dibàkà dyà mwâna dìkaadi bu bàdì bànàya bikàsa.

Bwà biibidilu byà Balubà, byûma bàdi bàbìfìdila mu nzùbu wa bukù kwà tatwěndè wa nsongàkàjì nànsha kwà mudì wa byûma dîba pa cilembankuci. Bàdi bàbìfìla nè kaneemu kumpàla kwà bantu kasùmbu kakesè, babala ku minu. Bakwàbò bônso bàdi bìndila pambèlu ku luseka dijikija dyà muyuukì wà difìlà dyà byûma. Dîba edi, byûma bimana kufìla, bàdi bàtwìla babàka cyanga, bàdya bàsanguluka. Pàkutàngila, mùvwà ngenzelu wa maalu ku balubà, mukù ùvwa ùfìla kèndè kàvwàyi mwênda naakù. Baledi bàà mukàjì bàvwa ànu bàànyisha, cìkòlà bàmwambila nè, « kwǎshààdi bûngi kampànda anyì cintu kansanga ». Dîba adi ki dìvwàyi ùmanya bûngì bwà byûma. Kunyimà kwà ewu mwandà, mulùma ùvwa ùpingana kwàbò, ùya kudìlongolola, ùdìpàya bwà kuvwa *kujikija bukù*".

Bwà kufùnda mukàndà ewu, tudi bakèbùlùla cìdì cyènzeka mu mêku mashìilàngànà àà beena kwètù: pa kuyuukila nè baa màamù nè bàà tàatù bàà ku Kàsaayì, nè kusàkidila bitùdì bamanyà. Tudi batàbàlèèla mabala àà mikàndà mishìilàngàna, baneemènèna pa mikanda yà C. Kabengele nè Kalend'a Mwamba ìdì mifila ntàku wa dilondangana dyà myandà ìdì mifùnda mu mukàndà ewu. Mifùndù yà bààkale mipàtula kùdì Mbuyi Joseph mmitùpa kàbìdì dikima.

Mu difùndà dyà milongo eyi, katwèna tudìtuuta mu mpànga nè tudi bashìikìja mwandà ewu nè kundekeelu to. Byà kwamba nè kukùmbaja bìdì bivulè bindìla babìkùmbaji. Tudi bajaadìkà sè, byenzedi byà bantu bìdì bìshìilangana ku mêku nè ku mêku. Mu mifùndu eyi, tudi basomòna maalu manènè àdì àfwànangana, àdì ènzeka mu mêkù àà bûngi nè mângà àvwà ènzeka pa kale atùdì mwà kulama bilondèshìla nsòmbelu wa leelù. Tudi badìtàcìsha kàbìdì bwà kukèba mwà kumvwa kiipàcìlà kàà bînga byenzedi byà ìmwè mikìiyà mu disèlesha dyà bâna. Maalu ônso a'a, tudi baàteeka pàmwè bwà kwambulwishangana mu ndongolwelu wa myandà. Dijinga dinène ndyà kupeta cikòsù cyà bulongolodi bufùnda pa mabèji. Ndingundingu mikwàbò ìdì mwà kwikala ìtàngila dîku kansanga pa bwàdì, beena dîku adi, bàdi mwà kuyàmbilangana munkancì mwàbò.

Kânga kiipàcìlà kàà mudimu ewu mbwà kulamakù

cìmwè cyà ku cyûma cinènè cyà cisàmbà cyètù cìdì cyènza buumùntù bwètù nè cìtùpa mushinga mu bukwà bisàmbà. Kumanya mùdì maalu àpìtakana mu dîku nè kumvwa bukolè nè mushinga wà mulàmbù. Nènku mu dyâpù dyà kumpàla edi, netùkebà mwà kwenda nè C. Kabengele[2] bwà kwanji kumvwa mùdì malelà àbwelakana mu mêku, kumanya nè dîku nè lubànzà ncinyì, mulàmbù ncinyì bangabanga nè kupìta ku cyena bwalu.

Bwà mudimu mujimà netùyuukilà pa bìdì bìtàngila :
- Dîku
- Mulambù
- Byûma nè mushinga wàbì
- Dibàkà
- Dibàkà dyangata nè beenyi.

---

[2] C. Kabengele, "structure et fonctionnement de la parenté dans un village Luba-Kasaï", Mémoire de licence, Université Officielle du Congo, 1967-1968, p. 6-8, 27-29.

# 1. Dîku

## 1.1. Bulelà

Bulelà bwà kumpàla bùdi bwà mu lubànzà. Mmùmwè nè, bulelà bùdì munkacì mwà taatù, maamù, nè bâna. Pàdì bâna bàkola, bàdi bàsèla bakàjì, bàbwela pààbò mu dibàkà, bàlela bààbò bâna. Nènku, dîba edi bàdi bààsa yàbò mbànzà. Mbànzà yônso eyi misanga ìdi yènza dîku (ku bùmwè, mêku ku bûngi) anyì (cyôta ku bùmwè, byôta ku bûngi). (Mu dyakula misangu mivulè, tudi tupìta kwangata mwakù ewu dîku patùdì bêla menji ku lubànzà. Kàdi pakutàngila, mùdi dishììlangana munkacì mwà myakù ìbìdì eyi).

Beena dîku bônso bàdi nè nkambwà wabò umwe mbamumanyà. Nkambwà ewu ki wàbò mushìmì nè wabò nsangilu udi wenza nè, bììkalà cintu cìmwè, mùdìbo bafùma ku mushìmì ùmwè. Bàdi kàbìdì nè bwàbò bubanji bubàshììla kùdì bankambwà bààbò. Bubanji ebu ki cyàbò cyûma cinène. Cyûma eci ki mêyi nè mikàndù ìdì ìbàjaalamija mu nsòmbelu mulenga nè ìleeja lwàbò lwìdì. Dilama dyà cyûma eci nè dineemeka dyà mêyi nè mikàndu ki bìdì bìfila mwoyi nè bìlama dîku bwà kadìfu. Cyûma, mêyi nè mikàndù yà beena dîku mbyôbi ebi:
- Bulaba bwà bankambwà bààbò,
- Dineemeka dyà nkambwà wabò pa kumuvùluka ku milàmbù,
- Dyepela dyà kupyà bibawu pa kusangila nè mwena dîku,
- Dineemeka dyà bakùlù nè ditèèka dyà muntu yônso mu

mulongo wèndè.
- (Malongesha nè ditwìshangana mabòko),
- Dilàmbulangana milàmbù,

Pàdì mbànzà ìvulangana ìdi yènza : dîku anyì cifuku,
Mêku ènza: musòkò,
Misòkò yènza: cisàmbà,
Beena cisàmbà cìmwè bàdi basanga kùdì:
- Bulaba bùmwè,
- Myandà yà kala ìmwè,
- Nsòmbelu wa mwomùmwè,
- Mwakulu ùmwè,
- Ntèndeleelu umwe.
Bûngi bwà bisàmbà bisangisha bùdi bwènza ditùnga.
Mu mudimu ewu tudi tutàbaleela bìdì bìtàngila dîku.

## 1.2. Dîku

Dîku mmwaba ùdì kapyà anyì kadilu kàdìbo bòòta nè
bìipika naakù byà kudyà. Kàdilu aka kàdi kateemesha mu
macyùwà àsàtù àdì mambùla lwesu lwà kulàmbila byà
kudyà bwà kudìisha bantu bàdì bakànyùngùlùkìla,
bàkàsonsola bwà kakàjìmi: (nkùndà yà bângi ìbobèle nè
matà). Mwena dîku yônso ùdì nè bukenji bwà kulama
kapyà nè kutàta bwà sè, kakàjìmi, kàpiishà bìdì pêku.
Pàdì byà kudyà bìdì pêku bìpya, bìbonga, bônso bàdi
bàbìdya, bwà kumana nzala, kupeta makàndà, kukola,
kwikala nè mwoyi pànu.

Kàpyà kàdì mu macyùwà kakèèna ànu kàà kwota nè
kulàmba naakù. Kapyà kàdi kàlama bìdì bitèèka pa citapa

(matalà, cyômba, nkùnda, bwowa, munyìinyi, nswa...) bwà sè, kabìvu kudìika kùdì bîshi, kubola. Nènku, dîku dìdi dìlama byà kudyà, dìlama bantu nè mwoyi, *(nzala wa kavwambù, dyukuta wa muyuukì).*

Dîku dìdi kàbìdì mmwaba ùdì ùsangisha beena muntu, bwà kuyuukila, kulongolola myandà, kukòsa nsambù, kutèèleja mibelu, kulongesha mu myanu nè nsùmwìnù. Nènku kapyà kàdi kàdìisha mubidi, kàdìisha kàbìdì mwoyi. Kapyà kàdì kàteema kwîku aka kàdi kàsànguluja bantu, kàfìla butòòka mu lubànzà nè kùnzulula lungènyì lwà bàdì bakànyùngùlùkìla. Nènku kwîku mmwaba wà cilongelu ùdìbo bàlongeshila bantu maalu àà bukwǎ pànu, bàleeja beena dîku mùdì kuya mwoyi nè mùdì kufwà.

**-Cyôta mbìikidilu mukwàbò wa dîku** mmwaba ùdì beena muntu bàsòmba bwà kwota kapyà, kutangalaja mashìka. Mu dyota kapyà edi, beena dîku bàdi bàsuna mamanya malelèlà, bàdi bòòta kapyà kàà dinanga nè dimanya dyà bushùwà. Bàdi bàdya cyàkudyà cyà mubidi nè cyà mwoyi. Nènku, beena dîku nngaba bàdì kwîku, bàsuna myandà milenga eyi ku mushìmì ùmwè, bòòta kadilu kààmwomùmwè, bàpeta malongesha àà mwomùmwè, bàdya cyàkudyà cyà mwomùmwè. Bôbo aba ki *beena muntu.*

Dîku dìdi dìdìisha, dîku dìdi dìlama, dîku dìdi dyùnzulula lungènyi. Dîku kadìyikù, macyùwà kaènakù, kadilu kakèèna kàteema, bantu kabèèna bàdya. Macyùwà àsàtù àdì àmbula bujitu bwà ngeesu, àdi cileejelu cyà lubànzà lùdì lùlela dîku. Ntàku wa dîku ntaatù, maamù nè lulelu.

Mwakù ewu dîku ùdi wèlesha menji ku mwakù wà pa mwandà *kwika*, (ku-ik-a), mmùmwè nè, kutanta, kuvulangana, kusampila bu mùdì bikùnyììbwà mwinshì mwà bulàba, kupàtula ntòngà. Kwika mmwakù ùdi ùtùtàngija ku bwikadi bwètù bwà baacidimà. Ùfwànyikija bantu mùdì bikùnyììbwà bìdì bìvunda, bìvudila mu bulaba bangabanga nè kubùtaayisha, kutòlokangana budimi bujimà.

Bwà Bankambwà bèètù, muntu mmufwànyikija nè mucì wà bimuma anyì nè mudìbu ùdi kaùyi ùfwa, bwalu mudìbu ùdi ànu ùtùngunuka mu nteta yà bimuma byàwù. Buucidimà bwètù bùdi bùpàtula byà kudììsha mubidi nè byà kudììsha lungènyi kwîku mu dîku. Mudimu wà byônso bisanga ùdi wìka munda mwètù nè mu micìma bwà bantu kupeta ntùngunukilu, kushààla nè mwoyi kashidi. Leelù bakèbuludi èkuvwa kujingulula mwandà ewu mu « ADN ». Ngumvwilu eyi ìdi ìtùleeja bunêmè bwà dîku. Mulami munène wa dîku nè mulami wà cimunyi cyà dîku mmaamù, bwalu yêye ki mudììshi mu mìshindù yônsò ìdì mwakù ewu mwà kumvwika.

## 1.3. Nsòmbelu wa mu dîku nè dilama dyà cyûmà cyà dîku

### 1.3.1. Cyûma cyà kumpàla mbulaba bwà bankambwà

Beena dîku bônso bàdi nè cyàbò citùpà cyà bulabà, cimanya mu musòkò mujimà nè: mwàmwa mmwà kampànda anyì mmwà kansanga, nànsha nè: mmu beena kampànda anyì mmu beena kansanga. Mbulaba bwà

bankambwà bààbò. Nànsha bankàna bafikà, bàdi bàpeta
kààbò kaaba kàà kwasa. Bàdi bàdyùmvwa nè, bàdi
mwàbò, nànsha bôbo balelela kùbaabèndè. Pàdìbo
bàbèèbeja nè: « kwènù mpenyì » ? Kabèèna bàndamuna
nè kwètù nku Balubà anyì nku beena Luluwà to. Muntu
yônso ùdi ùtèèla dîku dyàbò nànsha musòkò wàbò
wàmba nè: kwètù nku « beena Ngeleka nànsha nku
bakwà Bwowà anyì nku bakwà Luntu, nku bakwà
Byayì... » Eci mbwà kuleeja nkambwà udi ubàsangisha.
Muntu ùdi mwà kwandamuna kàbìdì nè: ndi « mwena
Citòòlù, mukwà Kasànzù anyì mukwà Ndoba », ànu
nànku... bwà kuleeja musòkò wàbò. Bukenji bwà beena
dîku nkulama bulaba bwàbò.

## 1.3.2. Divùluka dyà nkambwà

Beena dîku bônso mbamanyà mùdì ndelàngànyì yàbò
ìlondangana. Bàdi mwà kuyìbala mitwà ku ndelàngànyì
ìtaanu anyì ìsambòmbò. Bânga aba bàdi mwà kusambuka
diikùmi. Beena dîku bàdi bàdya nzòòlo wa bakìshi
umwe. Bàlàmbula nkambwà wabò udi mâyi mfùky'a
mukèlà. Mulàmbù ewu bàdi bàùkùmbaja kùdì:
« mukùl'wa bantu » anyì mwanèndè. Divùluka dyà
bankambwà dìdi kàbìdì pa kubìinyika mêna. Mwena dîku
yônso ùdi ùpeta ku dilediibwa dyèndè, dîna dìdì
dìmulamakaja nè miji yèndè. Bàdi mwà kumwinyika
nkambwà wendè nànsha muledi bilondèshìla bulongolodi
bùdì mu dîku. Dîna dìdi mwà kwikala diinyikila pa bwalu
anyì dìlonda mùshindù ùdì mwâna mulediìbwa.
Ngeenzèlù ewu ùdi ùjaamija mwâna mu dîku, ùmuleeja
kùdìyi mufùma.

14

### 1.3.3. Dyepela kubunda bibawu

Cibawu ncintu cìdì muntu udi mupìila ùfuta ku tubàdì dyà cilumbulwilu anyì mu dîku. Kàdi kubunda cibawu nkwenza cilèma cinènè cìdì cikàndika mu nsòmbelu wa balubà, nè cìkèngela kulongolola pa kufuta. Kùdi mukàndu munènè wà sè, beena dîku kabèèna mwà kusangila munkacì mwàbò. Kàbèèna mwà kusangila mukàjì umwe, kabèèna mwà kwangatangana bakàjì. Bìdi byà mwomùmwè kùdì bakàjì bàà dîku dìmwè, kabèèna mwà kwangatangana balùma. Dîyi edi dìdi dìkàndika dibàkà anyì disangila munkacì mwà beena dîku nè mwà balelà. Kutùpa ku dîyi edi kùdì kùkèba mbìipishilu nè lufù mu dîku. Ki bwalu kaayì, kaneemu kàdi bwalu bunène munkacì mwà beena dîku nè balelà bônso.

### 1.3.4. Kaneemu nè dishìilangana milongo

Mwena dîku yônso ùdi nè wèndè mulongo mumanyìka nè kaaba kasungùlùka munkacì mwà dîku. Bantu bônso bàdi bàshìilangana mpùngà, bàleejangana kaneemu. Muntu yônso, bàdi bàmubìikila bilondèshìla mulongo wèndè. Kaneemu kàdì muntu naakù bwa tatwěndè nè mamwěndè, ùdi ùkàleeja kàbìdi kùdì bâna bàabò nè kùdì balelà. Tatwěndè mwakùnyì nè tatwěndè mukàjì, anyì mamwěndè mwakùnyì nè mànsèbendè, nànsha bôbo bashàadila ku bidimu, bàdi ànu mulongo wà baledi. Bakùlù bǎmbìle nè: *ku baamànsèba kakùtu kaamànsèbanseba, Ku baatàatù kakùtu kaatàatù.* Bìdi byà mwomùmwè bwa bakù. Bakù bônso bàdi bàbwela mu mulongo wà baledi. Kabèèna mwà kwelangana « *mwoyi wà tunkudimba* » pa kutwàngana mishìku.

Mulùma ùdi ùneemeka baledi bàà mukàjèndè. Udi ùshììla màmwenèndè kaaba, ùmwelela mwoyi ànu pabule nè kaneemu. Byà mwomùmwè, mukàjì ùdi ùneemeka baledi bàà bàyendè. Kêna mwà kulenga tatwĕndàmwenu. Ùdi ùmwelela mwoyi ànu pabule nè kaneemu.

Mwanààbò nè mulùma ùdi ùneemeka mukàjì wa mwanààbò, kêna mwà kusangila nendè to. Mulùma pèndè kêna mwà kusangila nè bukondà bwèndè to. Kunyanga mikàndu eyi kùdi kùkèba mbììpishilu nè njìwù mu dîku. Mukùlù wa mukàjì, nî mmulùma nî mmukàjì, ùdi mulongo ùmwè nè bakù, bwalu yêye ùdi mupinganyi wa baledi. Bìdi byà mwomùmwè bwà mukùlù wa mulùma. Bâna munkacì mwàbò bàdi bàneemekangana bilondèshìla mùdìbo balondàngàna. *Butà bùneemeka mpàndà, mpàndà ùneemeka butà.*

**- Mbììkidilu wa balelà nè beena dîku:**

| | |
|---|---|
| *Tàatù (taatù, tàawù)* | ki muledi mulùma anyì mwanààbò anyì mukù mulùma |
| *Màamù (maamù, màawù, bàabà)* | ki muledi mukàjì anyì mwanààbò anyì mukù mukàjì |
| *Mànsèba* | mwanààbò nè maamù (wa balùma) |
| *Taatùmukàjì, (mankàshi)* | mwanààbò nè tàatù (wa bakàjì) |
| *Tùutù* | mukùlwànyì wa balùma |
| *Yàyì (yàyà)* | mukùlwànyì wa bakàjì |
| *Mwenabukù* | mukù muntu mulùma (bày'a mwâna) |
| *Màmwenu* | mukù muntu mukàjì (mukàj'a mwâna) |
| *Bukondà,* | bânà bàabò nè bàdì basèlàngàna |

| | |
|---|---|
| *(kàntenga)* | munkacì mwàbò |
| *Kaakù, (nyìnkà)* | muledi wa taatù anyì wa maamù |
| *Mbàkànyì* | balùmà bàdì basèla bâna bàà muntu anyì beena dîku |
| *Civyĕlà (civyêla)* | baledi bàà mulùma nè bàà mukàjì munkacì mwàbò. |

**- Mùdì kutèèla mulelà mu diyuukila nè bakwàbò:**

| | |
|---|---|
| *Màmwenu* | mukù mukàjì |
| *Taatùmwenu* | tatwĕndè wa mukàjì anyì wa mulùma |
| *Mwenabukù* | mukù wanyì mulùma |
| *Mukùlù, (muklw'a Bantu)* | mwanèètu mumpìta ku bidimu anyì mukùlù mu dîku |
| *Mwakùnyì* | mwanèètù mushàdìla ku bidimu |
| *Mwikùlù* | mwâna wa mwanàànyì |
| *Kankàna* | mwâna wa mwâna wa mwanàànyì |
| *Kankànunwîna* | kankànà kàà mwanàànyì anyì kàà wendè mwâna |
| *Mukùlumpà* | nngewu udi mutùpìta bônso ku bidimu (muntu mulùma). |

## 1.3.5. Dilongesha

1.3.5.1. Nkoleshelu wa bâna muvwàbi byènzeka pa kale

Pa kale, baledi nè beena dîku bônso bàvwa nè mudimu wà kutàbaleela dilongesha dyà bâna nè nkoleshelu wabò.

**- Mudimu wà baledi**:

Mudimu munènè wà nkoleshelu wa bâna ùvwa nangànanga mu byanza byà baledi. Bôbo ki bàvwà nè bukenji bwà kuleeja bâna mùdì kusòmba pànu, mùdì *kuya mwoyi nè mùdì kufwà,* bwà bìikala beena ditùngà bàà bushùwà. Bwà kukùmbaja mudimu ewu, baledi bàvwa nè cyà kwikala kuyuukila nè bâna pa maalu ônso àvwà àtàngila nsòmbelu wa bukwǎ pànu. Kàdi mudimu ewu ùvwa mwabanyangana kùdì taatù nè kùdì maamù. Pàcìvwà bâna batekète menemene, bônso bàvwa ànu ku cibelu cyà mamwǎbò. Dîba edi bàvwa bàlonga mwà kudìdìila byakàne, kwikala nè mankendà, bàlonga mwà kunàya pàmwè kakùyi ndululu nè kwabulujangana byà kudyà, nè byà kunàya naabì. Bàvwa bàlonga mwà kwakidilangana nè kwela beenyi mwoyi. Pàvwà bâna bàtàntamana, tatù ùvwa ùdyàngacila dilongesha dya mwâna wa balùma, maamù ùkwàta mudimu nè wa bakàjì.

### 1.3.5.1.1. Nkoleshelu wa mwâna wa balùma

Pàvwà mwâna wa balùma ùtàntamana, ùvwa ùlamuka ku kakesè kakesè kùdì mamwèndè. Tatwĕndè ùvwa ùdyàngacila mu byanza mudimu wa dimulongesha. Ùvwa ùmubìikila bwà bìikalà bàdya nendè pàmwè. Taatù ùvwa ùya nè mwanèndè ku budimi, anyì mwitu. Mwâna ùvwa wàmbulwisha tatwĕndè ku tudimu tukesè kumbèlu, ùmutèèleja ànu bu mulongi ùtèèleja mulongeshi wendè. Taatù ùvwa ùtàbaleela dîba dyônso bwà kubela, kuleja, kulongesha, kufila cileejelu cilenga nè kutàbuluja mwâna bwà ìikala nè ntèèmà. Ku ditùku dyônso, mwâna ùvwa anu ùlonga pakutàngila mùvwà tatwĕndè wènza. Tatwĕndè ùvwa ùmusàka bwà kulekela lulèngù, kufika ku dinanga dyà mudimu. Ùvwa ùmubìisha pàcyacyà bwà kuya ku budimi, ùmuleeja, ùmudìmuja. Mùshindù ewu ki mùvwà nsongàlùmà ùlonga kèndè kàlaasà kajimà pa kutèèleja tatwĕdè nè kumònà yèndè ngenzelu : « *Mwanààanyì,... tàngilà même tatwĕbè...*» (....). *Muanànyì, ...mòna même tatuebè ncìdipù, nkuleeja mwà wêwe kudima... »* [3]. Bakùlù bămbìle nè: *(taatù undelèle kàndayìle, wèndè mulayi nsòmbelu wendè).*

Nènku, mudimu munène ùvwa kùdì baledi bwà kulongesha bâna, kubàkela nè kufìla cileejelu cilenga mu wabò nsòmbelu, bwalu, dilongesha dinène dìvwa mu nsòmbelu wa matùku ônso. Pàvwà mwâna wènda ùkola, taatù ùvwa wènda ùbweja kakesè kakesè myandà yà bantu bakolè. Ùvwa ùmulongesha bwà kwikala muntu wa bulelà, mukòngi wa dîku, mukòngi wa bantu. Taatù ùvwa ùsàka mwanèndè bwà àtapà bwèndè budimi, ìikalà nè wèndè musanda, ìibakà kèndè kazùbu nè àmanyà mwà kukààkaja. Dîba dyônsò dìvwàbo bàpetangana bàbìdì, nî nku didyà nî nku budimi, taatù ùvwa ùpeta anu cyà kwambila mwâna. Ùvwa ùmuleja « *bulenga bwà dibàkà* »[4]. nè ùmulongesha mùdì kudìbòtesha.

Pàvwà nsongàlùma ùfika bikondo byà kubwela mu dibàkà, dilongesha dìvwa dyènzeka kàbìdì nànsha dilòòlò basòmba ku kapyà kàà cyòta: « *wêwe nyawù wasù mwàkubàka, kàdi ncyùmvu cilumbù mu dibàkà dyèbè.... Paùdì uya kusèla webè mukàjì, cyèbè nkumanya mwà*

---

[3] J. Mbuyi, « Dibaka dikuakabukulu mu Balubà nè mu Beenaluluwà ne mu Bìmwè Bisàmbà byà mu Kasaayi » , Ed. Byaasameeji p. 1-24
[4] J. Mbuyi idem, p. 6

*kusòmba nendè bilenga»* [5]. Nsongàlùmà kàvwa nè bukenji bwà kujuuka bwà kuya kusèla kàyi mulêja nè wǎkolù pa kwibaka wendè nzùbu, kwikala nè bwèndè budimi kàbìdì nè mudimu kansanga ùdìyi ùkwàta. Bwalu dîba edi neàfila luumù kùdì baledi bèndè, nè yêye mwinè neàdyangàcìshà nè mushinga kùdì bakù nè beena bukalenga pa kuleja sè, ùdi mwà kukòòkesha mwà kudìisha mukàjì nè kukùmbaja majinga èndè wônso.

Taatù ùvwa ùleeja mwanèndè sè, *(pawìkalà muswà kulààla pànu, cììna mukàjì wa bendè nè mushika wà bendè).* Ùvwa ùmubela bwà kwikala nè kaneemu kùdì bakù, kusòmba tàlàlàà nè mukàjì, kumuneemeka nè kumuneemeshisha kùdì Bantu. Nànsha mùvwàyi ùlongesha mwanèndè bwà kwikala kuvùlukangana ne bânà bààbò, taatù ùvwa ùmuleeja bwà àmanyà mwà kudìkolela, ùmwambila nè, byûmà byà baledi kî mbyèndè to. Kùtèèki mwoyi kùdì mwanèènù : *(bìdi mwètù tèntè, ànu kèèbè pèèbè).* Ùvwa ùmuleeja bwà kudìkòòkeshila bujitu bwà lubànzà lwèndè : *(mukàjì ewu kwêna musèlèla mwanèènù bwà ììkalà ùkudììshilayì to).*

### 1.3.5.1.2. Nkoleshelu wa mwâna wa bakàjì

Dikolesha nè dilongesha dyà mwâna wa bakàjì cìvwa mmudimu wà maamù. Mwâna wa bakàjì ùvwa ùkola ku luseka lwà mamwǎndè. Ùvwa ùlonga mwà « kukwàta midimu yà mu nzùbu nè kudìkezula yêye mwinè »[6]. Mùshindù ewu ke ùvwàyi ùdìlongolola bwà kumanya nsòmbelu wa mu dibàkà. Mamwǎndè ùvwa ùmuleeja mùdì nsongàkàjì mwà kusòmba munkacì mwà bantu,

---

[5] J. Mbuyi, idem, p. 6,7
[6] J. Mbuyi, idem, p. 25-44

kulama nzùbu nè mankendà, kuneemeka bakùlù, kwikala
nè bùkàlàngà, kwakidila bantu, kumanya mùdì kusòmba
nè beena dîku, kwambulwishangana nè bânà bààbò,
kwikala nè mwoyi wà kaloolo nè dipà. Maamù ùvwa
ùlongesha mwanèndè bwà kwikala nè kaneemu kùdì
tatwěndè, kumutàngila bu mukù wendè, kumushììla
kaaba.

Pàvwà nsongàkàjì wènda ùkola, malongesha a bûngi
àvwa àpìcila mu bileejelu byà maalu menzèkànzèka nè
mu nsùmwìnù. Maamù ùvwa wàkula mu mipinganyi
pàvwàye ùleeja mushika wèndè bwà kudìlama mujimà
too nèmwàmusèlàbo. Ùvwa ùmwambila bwà « kucììna
cyalu cyà bâna balùma », kwikala kunàya nè
mishikankùnda nendè. Ùvwa ànu wènza èkumutàpila
dîyi : « wâmanya, kùvù kumpangishisha mbùji wa
nyimà ». Maamù ùvwa ùpèèsha mwâna mudimu wà
kwenza dîba dyônso bwà kàvu kuditwa mu lulèngù.
Maamù ùvwa ùsàka mwanèndè kudinanga dyà mudimu,
kudisòmba nè bantu nè dyepela luntuutà mu nsòmbelu nè
bakwèndè. Ke mùvwàyi ùmulongolola kakesè kakesè ku
dibàkà nènku.

Dilongesha dìvwa dìvula pàvwà balùma bàtwàdija kwela
nsongàkàjì dîyi. « *Wêwe muyà ku dyèbè dibàkà, wâ-*
*manya ngaakwilu wa mulùme nè wendè ndììlu (…).wêwe*
*mwanàànyì, kùyi kunsekesha kwèbè kuwàyà nè,*
*kampànda kàvwa ùbela mwanèndè.( ) Wêwe ne udi*
*wanyì, wâmanya, mwoyi kawùkudìngi, kusambuki byûmà*
*byà bendè, kwèndi masandi (…) nè muùdì amu, cyùmvu*
*bàkutèèla nè, mwâna wa kampànda ùdi wìba »*[7]... Maamù

---

[7] J. Mbuyi, idem, p. 28-29…

ùvwa ùbela ùbelulula, ùlòmba mwanèndè bwà àmanyà mwà kusòmbà bilenga nè mulùma pa kuteelejà dîyì dyèndè, kulekela diyòòyì nè dimukàbukila ku mêyi, kwikala nè kaneemu kùdì tatwĕndè mwenu nè màmwenèndè.

Baledi bônso bàbìdì bàvwa bàlongesha bâna bwà bàlamà mulongo wàbò wà bâna, biikalà nè kaneemu kàà baledi, pashìisha, bàlekelà dibwelakana mu maalu adì àbàtàngila. Ku lwàbò luseka, bàvwa bèèpela bwà kulondela bâna ààbò matàndù àà mu nzùbu, nànsha bôbo bafikà ku dibèngangana. Bàvwa bàcìina mwà kubweja bâna mu maalu àbò bwà sè, kabàvu kubàfikishisha ku dipyà bibìndì.

**- Nsòmbelu wa mu dîku:**
Pa kale, beena dîku bônso bàvwa bàsòmba kaaba kàmwè. Pàvwàbo bàvulangana dîku dìdyunda, bàvwa bààsa musòkò mupyamùpyà. Bâna bàvwa nè mwaba mwalàbàlè wà kunàyila. Bilondèshìla ku mvùlà yàbò, bàvwa nè mwaba musungùlùke, mubàlongolwela wà kulààla mushìilàngàna nè wà baledi. Dilongesha dijimà dìvwa mbwà kubàlongolola kudisòmba byakàna mu dibàkà. Nènku, bâna bàvwa bàkola banyùngulwila kùdì baledi bààbò nè beena dîku bônso too nè mwàyàbo kwasa yàbò mbànzà pa kusèla anyì kusèdiibwa.

**- Mudimu wà beena dîku:**
Bakùlù bămbìle nè: *mwâna ngwebè pàdìyi munda* Nènku, mwâna mumanà kulediibwa, ngwă bantu bônso. Mwena dîku yônso, mupìci wa njila nè balundà bàvwa nè bukenji bwà kubela mwâna nè kumwambulwisha yêye mupetà njìwù anyì mufwàna kuyìpeta. Bàvwa bàmanyisha baledi

pàvwa mwâna mufwàna kuya mu njila mubì. Kakwĕndè wa nsongàkàjì nè mukàjì wa tùùtwêndè bàvwa nè mudimu munènè wà kutòòkeshila mwâna bìvwà mamwĕndè ùbubika. Nènku, mânga maalu àà mu nkoleshelu àvwà maamù kàyi ùpìta kutùndubwila mwâna, beena dîku anyì beena mutumba bàvwa bàmujìkwilawù. Mwâna wa nshìyà ùvwa kàbìdì ùlongela ànu kùdì beena dîku. Nènku, mwâna dîba dyônso nè myaba yônso, ùvwa munyùngulukila kùdì bamulami.

## 1.3.5.1.3. Ditwìshangana mabòko pa kale nè dyambulwishangana

Pa kale, dyambulwishangana, ditwìshangana dyà mabòko, bulelà bìvwa nè mushinga mukolè munkacì mwà beena dîku. Bulelà ebu bùvwa bùmwèneka pa dìsaamà, lufù, dikènga anyì cipùpù kanà cyônsò cìvwà cìkwàta muntu. Dîba edi, mwena dîku, yônso kàvwa ùpangila bwà kuleeja mpàla : (bukwàta mutù mbukwàta nshìngù, bukwàta umwe mbukwàta bôns). Nènku, bônso bàvwa bàkèba mùshindù wà kwambulwisha mulelà wabò nè kumupàtula mu dikènga edi. Mena, dîbà dyà dikènga, nànsha mwena lukunà bàvwa ànu bàya kumumòna nè misangu mivulè, nkunà miinà ijikilamù : (wabènga mukwèbè ku didyà, kùbèngi mukwèbè ku lufù). Kwôku mwandà wà disànka bu mùdì dibàkà, mulelà yônso ùvwa ùfila kèndè kantu bwà kwambulwisha wabò bwà àpetà lwèndè lubànzà. Bàvwa bèèlesha mulelà wabò dibòko nî mbwà kukùmbaja byûma, nî mbwà dimubanjija mu dibàkà. Mùshindù ewu ke ùvwàbo bàfika nè kudisèlesha mwâna wa nshìyà nànsha mulanda. Bamanà kumusèlesha, bàvwa bàmutàbuluja lungènyi bwà àdìkolèlà bwalu dyambulwisha kadìvwa nècyàkwilala dyà dîba dyônso to. Bàvwa bàmwambila nè : *nyĕwù wasèdi, mbîmpà kudìkolela pèèbè.* Mwân'à nshìyà bàvwa bàmubela mu nsùmwìnù : *bààbela mwàn'a mùntù, mwan'à mufwà watèèleja pèèbè.*

Mwoyi wà bulelà nè dyabulujilangana, muntu ùvwa ùbìlonga bitwàdìjila ku bwânà bwèndè. Mwâna kàvwa mwà kudyà kantu nî ncibòta, nî ncìlùngà, nî mmwenga, nî ntumbelà mukwèndè mumutàngìla kàyi ùmwàbulwijila nànsha kakesè. Byàkudyà byôbi panshì, kabàvwa bèèbeja mwenyi nè « udi muswà kudyà anyì ? », bàvwa bàmubììkila bwà kudyà. Nànsha kàyi nè nzala, ùvwa ùdyà nànsha kakesè. Pàvwà umwe wa mu dîku kàyipù dîbà dyà didyà, bàvwa bàvùlwija bânà bààbò bwà bàmushiìlà pèndè cipesa. Malongesha ônso a'a àvwa àpìcila ànu mu nsùmwìnù bu mùdì eyi : *ditàma dìdi nè cyelààmwòyì,* anyì, *kudyà mmashààlà, wâdya washììla mwanèènu.*

Beena kale bàvwa bààbulwijilangana byà pa madimi, byà mu dità nè mu dilòba. Balelà bàvwa bààbulwijilangana too nè mulàmbù mufùma kùdì mwâna. Mu nsòmbelu wa balubà, mwâna yônso ùvwa, nè kàbìdì ùdi, nè bukenji bwà kulàmbula tatwĕndè difutu dyà kumpàlà dyà ku mudimu wèndè. Taatù pàvwàyi ùpeta mulàmbù wà difutu dyà mwâna, ùvwa ùleeja disànka nè dyanyisha, ùya kwabanyangana pèndè nè bânà bààbò. Ke kùdì kufùma mwakù : « *kutòmboka* » nè cyambilu eci : *bààlàmbula nkole, nkole pèndè wàlàmbulangana.*

Mwoyi wà bulelà ewu kaùvwa ànu mushààdìla munkacì mwà beena dîku. Mupìci wa njila yônso, bàvwa bàmwakidila ànu nè musàngeelu. Bu mùvwà pa kala

bantu bàdìila pambèlu, bapìcì bàà njila bàvwà nè nzala
bàvwa pààbò bààpuka, bàdìsanga nè beena lubànzà bwà
kudyà. Bamanà kudyà, banwà biikìsha, bàvwa bàtùngu-
nuka nè lwendu lwàbò. Butùku bôbo bubĭdìla mu njila,
bàvwa ànu bàbààkidila, bàbàpa mâyi, bàbàpa cyà kudyà
nè mwaba wà kulààla kabàyi bàbàfucisha cintu. Mînga
misangu bàvwa mwà kubàkùcila byà kudyàbo mu njila.

Pa kale, dyambulwishangana edi kadìvwa dìsàka bantu
ku lulèngù anyì kudisòmba bu *ntùkùnyà* bwà bakwàbò
bìikalà ànu bàfila to. Beena dîku bàvwa bàmbulwisha
muntu pàvwàbi bìkèngediibwa nangànanga dyà bwalu
bumukwàta bu mùdì cipùpù cikolè dìsamà, madilu anyì
dyà bwalu bwà disànka. Dyambulwisha dinène dìvwa
dyà kubela muntu, kumuleeja mudimu bwà àdìkolèlà.
Pàvwà muntu mwikàla mwena lulèngù, bàvwa
bàmutàndisha bàmwamba : « *cikùyi tùmukulùlà musenga,
muntu wa cilèma, tùmubelèlè pa bantu* ». Bàvwa
bàmutùma ku budimi, pàmwè apa bàmwela mâyi
matalàla bwà kumubìisha pàcyacyà, bàmukolela bwà àya
kwitu nè bakwàbò. Yêye munànùkìla mu lulèngù, bàvwa
bàmupala byà kudyà. Mu nkoleshelu wa bâna, taatù ùvwa
ùsàka bânà bèndè ku dinanga dyà mudimu. Ùvwa
ùbàlongesha bwà kudìkolela. Nsùmwìnù eyi ìvwa
mimanya kùdì bantu bônso :
- « *Budimi ki pànu* »,
- « *pànu mpasangana pakolè, masela nè bilùnda
  mbisangana bimenè* »,
- « *Bìdi mwètù tèntè, ànu cyèbè pèèbè* »,
- « *Kantu kàà bendè nkantu mambu* »,
- « *Watèèka cyanza pa kèèbè, pa kààbendè watèèka
  diyòòyì* »,

- « *Kanza kàkupèèlè wakàpa pèèbè* »,
- « *upààpa ùbalabala, udyàdya ùvilavila* »,
- « *Mwà mukùlù kantu, mwà mwakùnyì kantu, inànku bulelà bwàdìpunga* ».

## 1.3.5.2. Nkoleshelu mu bimenga binène

Cikondo citùdì leelù, bantu mbatangàlàkàngàna buloba bujimà. Bâna kabèèna kàbìdì bàkola bu pa kala anyì bu mùdì beena mulongo wàbò bàdì bàkolela ku misòkò boosha dîsu kùdì baledi nè beena dîku. Mu bimenga binène emu, beena mutumba bônso kabèèna ànu nè ngeelèlù wa menji nè mwènenu wa maalu wa mwomùmwè nè wa baledi to. Leelù bâna bàdi bàpìcisha ditùku dijimà mu kàlaasà nè balongeshi nè bâna naabò bafùma ku ààbò matùnga nè misòkò mishìilàngàne Balongeshi bàdi bàlonda ndongamu wa malongesha mafila kùdì mbùlàmàtadì. Kunyimà kwà kàlaasà, bâna bàdi bànàya nè bâna naabò. Dîba edi, bàdi bàngulangana nè ngènyi mishìilàngàna, bàpeta milenga nè mibì.

Ebi bìdi bìleeja sè, baledi ki bàdi nè mudimu munène bwà kudìlongeshila bânà bààbò nsòmbelu nè biibidilu byà dyàbò ditùnga, kubàlongesha kàbìdì bwà kumanya mwà kusunguluja bilenga nè bibì. Kabèèna mwà kwindila nè, pààkolà bâna nebàmanyà, nànsha nè, pààyàbo kùdì baakakwǎbò anyì pààpinganàbo mu ditùngà nebàyà kulonga myakulu yà ditunga nè nkoleshelu mulenga. Mudimu wà baledi nkudìkwàcila nkoleshilu wa bânà bààbò mu byanza, kwikala kuyuukila naabò pa maalu ônsò àà mu nsòmbelu wa bantu, kubàleeja dikàsà dyà kulonda, kubàsòpwesha bwà kwepela butentùlàvì bwà nsòmbelu nè ngenzelu yà bakwàbò idì kayìyi ilonda mulongo. Kwakula naabò pa maalu bu àdì àtàngila dinwà dyà dyamba, bubèèdì bwà SIDA nè biibidilu byà dyangatangana balùma anyì bakàjì munkacì mwàbò, bwalu : *mu dilongesha kamwèna cibìndì.*

### 1.3.5.2.1. Nsòmbelu wa mu dîku

Nsombelu wa beena dîku mu bimenga binène nè mu matunga meenyi ùdi ùshììlangana nè pakale pàvwà bâna dîba dyônso banyùngulukila kùdì baledi bààbò nè balelà. Leelù, bâna bàdi bàpìcisha ditùku dijima mu tùlaasà. Dimònangana nè baledi dìdi dyà mêba makesè nè dyà lùkàsàlùkàsà, nangànanga pàdìbo bônso bènza mudimu. Pakale kàbìdì, bâna bàvwa bàya ku mabàkà lùkàsà. Leelù, bwà malonga àà bidimu bibàndìle, àdì àkèngela mvùla mivulè, nè kàbìdì bwà lutàtù lwà kupeta kaaba kàà kulààla mu bimenga binène, bìdi bìfikisha bâna kudi-shààla mu nzùbù mwà baledi nànsha bàkaadi bikunda. Mitù yà maalu mipyamìpyà eyi ìdi ìleeja sè, baledi bàdi nè mudimu munènè wà kutàbulujà bâna bwà kubàfikisha kudyumvwa sè, kaneemu kàà nzùbu wa baledi kàdi dîyi dinènè dyà kulonda. Nzùbu wa baledi kî mmwaba wà bôbo kuvwa kutwìla mùsà nè balundà bààbò nîmbakàjì nîmbalùma to. Ebi bìdi cilèma cinène ku balubà.

### 1.3.5.2.2. Ditwìshangana mabòko nè dyambulwishangana leelù

Dyambulwishangana nè ditwìshangana dyà mabòko dìdi ànukù too nè leelù. Àpo ciibidilu eci cìdi cyènda cìshintuluka bilondeshìla nsombelu wa mu bimenga binène. Mu dîku, pàdì bwalu bukwàta umwe, bantu bàdi ànu bàtwìshangana mabòko. Nànsha mùdì bantu batangàlàka buloba bujimà, divùlukangana dìdi ànukù, muntu yônso ùdi wènza bilondèshìla dyèndè dimòna. Bu mùdì tùlaasà katùyi twasa ku misòkò, bàdì bàkwàta mudimu mu bimenga binène bàdi mwà kwakidila umwe wa ku bânà bàà mu dîku, kumulongeshisha tùlaasà bwà afikà pèndè kudidìkolela. Ditwìshangana mabòko dìdi kàbìdì dìpìta kumwèneka dîbà dyà dibàkà pàdì muntu ùsèlesha mwâna. Beena dîku bàdi kàbìdì bàvùlukangana bikolè ku dilàmbulangana milàmbù yà byûmà byà mishika yàbò. Ewu mukìiyà muntu yônso ùdi muùmanyà nè ùkèba ànu mwà kuwùkùmbaja nànsha yêye musòmbèla kùbaabèndè.

Biibidilu bilenga byônso ebi mbishintùlùka leelù bwà bukolà bwà kupeta midimu nè mafutu àà nsongo, dibùlà dyà kaaba kàà kulààla nè dibùlà dyà myaba yà kudima madimi, bìvwà kabìyì mwà kwelela menji pa kale mu nsombelu wa bantu mu misoko yàbò. Byônso ebi mbifikìsha bantu ku dishintulula ngumvwilu wa mwakù dyambulwishangana anyì ditwìshangana mabòko. Pa kale bantu bàvwa bàmbulwisha mwena dîku mu bikondo bikolè. Kiipàcì kàvwa kà sè wabò ewu àfikà kudidìkolela. Nènku, dyambulwisha kadìvwa dyà dîba dyônso to.

Leelù, bantu bàbûngi bàdi bàmwangala mu misòkò batàngila mu bimenga binène bwà kukèba mudimu anyì kupeta dyambulwisha kùdì bààbò bàdi babàdyànjìdila. Beena dîkù bàdì kabàyi nè mudimu anyì kabàyi bapetà mudimu wà nsongo mbashààla batèkèmène sè, wabò udi wenza mudimu àmbulà bujitu bwàbò bônso pa makaaya bwà kashidi mwǎmbìlàbo nè: *cyàdima umwe, cyàdya bângi*. Mwènenu ewu mmukolesha kùdì bantu bàdi nè byûma, baswà kudìleja nè kupeta luumù mu mêkù àbò.

Bantu aba bàdi bàmòna nè bìdi luumù bwà kudììsha bantu mìtùtà nè mìtùtà matùku ônso, kabàyi bàbàmbulwisha bwà kubàfikisha ku dikèbà dyà budììkadidi nè kudidìkolela. Bàdi bàbàlaaba ànu ndambù yà màkùtà mu byanza bûngì bùdì kabùyi nànsha mwà kujikija yàbò ntàtu. Ebi byônso ànu bwà sè, bàshaalà ànu batèkèmèna kùdìbo. Eci ncifikìsha beena dîkù bààbûngi ku dinanga dyà kusòmba *buntùkùnyà* (ntùkùnyà mbwowa bùdì bulamàta ànu ku mucì bwà kukolabò). Nsòmbelu wa *buntùkùnyà* ewu mmuvwà kufikìsha bantu bààbûngi mu ditùnga kudishààla batèkèmèna ànu sè, « pààjikijà kampànda wetu, anyì pààpetàyi pèndè mudimu munène, nànsha pààmupeeshàbo mwânzù wà *buuministra*, netwìkalà bîmpà ». Eci ncivwà cipùpù cinène mu ditùnga, bwalu, ewu udi mwambùla bujitu bwà dîku dijimà kêna mwà kutanta, aba bàdì bambula kabèèna bàmòna nsòmbelu wabò ùsonga nkèlà.

Bwà kwepela ditàmba kutèkemena kùdì balelà, pààbò kabàyi nè mùshindù, mwènenu wa dyambulwishangana nè ditwìshangana mabòko nè bena dîku ùdi kàbìdì wènda ùshintuluka. Bantu bàdi bàpeta difutu dikesè bàdi bàjinga bwà kwanji kukòòkesha bujitu bwà yàbò mbànzà. Bàdi mwà kwambulwisha beena dîku mpùkàpùùkà pàdìbo nè mùshindù. Dyeleshangana dyà mabòko dìdi dyènda dìneemenena kùdì beena mutumba, balundà bàà mu mùsèèsù anyì bàà ku mudimu, beena dìngumba kampànda anyì malelà mapyamàpyà mapeta mu bitanda byà ditèndeleela.

# 2. Mulàmbù

## 2.1. Dilàmbulangana milàmbù

Mulàmbù (milàmbù ku bûngi) mmukìiyà wà bulengèla, mulàmbula Maweej'a Nangila. Yêye ke udi mufùka bankambwà bèètù, nè mubàpa bukolè bwà lulelu lùdìbo pàabò batùtampàkàjìla. Mukùlw'a bantu udi upeta mulàmbù ewu, ùdi ùùpeta mu dîna dyà nkambwà wa dîku dyàbò. Nènku, kudyà byûma mbujitu bunène bwambula, ki bwalu kaayì mudì wa byûma ùdi nè cyà kwitaba bwà kwangata mulàmbù ewu nè mwoyi mutòòka mu dîna dyà nkambwà wabò. Pàdìyi ùpeta mulàmbù, ùdi ùwèla lupèmbà, wànyisha, ùjingila udi mumupetèshawù dyàkalenga.

Lupèmbà lutòòka ncimanyinu cyà bulengèla, dyàkalenga, mwoyi, lulelu. Mufìdi wa mulàmbù ùdi pèndè ùlàmbula nè disànka, bwalu ùdi ùdìpeepeja bujitu bùvwàyi naabò ku mêsu àà nkambwà wendè. Mulàmbù mbujitu bùdì mwena dîku yônso nè cyà kukùmbaja pakubùtùùlula. Mukùlù udi upeta ùdi nè bukenji bwà kulàmbula pèndè mulàmbù wà kakwěndè mùdì Kabengele ùtwàmbila : kulàmbulangana nè kwitaba mulàmbù kicìdì cìfìla bukolè mu dîku nè cìshìtakaja bulelà munkacì mwà beena dîku. Dîku kadìyi milàmbù ndîku difwà. Muntu yônso ùdi nè bukenji bwà « *kulàmbula, kwitaba pàdìbo bàmulàmbula nè kupingaja pa kulàmbulangana pèndè* »8

---

8 C. Kabengele idem, p. 92

## 2.1.1. Mulàmbù wà bukolè

Mulàmbù wà bukolè ncipeta cyà ku cisùùlùlù cyà
mumpàla mwà mulàmbudi. Mu mulàmbù ewu mùdi:

**- Difutu dyà kumpàla dyà ku mudimu**
Mwâna yônso nîngwa balùma nîngwa bakàjì, udi upeta
mudimu ùdi nè bukenji bwà kulàmbula difutu dyèndè dyà
mbedi kùdì tatwĕndè mumuledi. Mulàmbù wà mwâna
kawèna mwà kusambuka muledi wendè to. Pàdì mwâna
ùlàmbula tatwĕndè, taatù ùdi wànyisha, wèla mwâna
lupèmbà bwà kumujingila dikàsà dîmpà mu midimu
yèndè, kumulunga dibòko. Pàshìisha, ùdi ùlàmbisha
nshìmà nè nzòòlo, bwà kwanyisha Bankambwà. Pàdì
taatù ùpeta mulàmbù wà kùdì mwâna, ùdi *ùkatòmboka*
naawù, (ùtòmbola dibòko muulu bwà disànka),
pakwabanyina pèndè bânà bàabò.

**- Musòmù anyì disàwiila dyà byà pa madimi:**
Musòmù ncipeta cyà kumpàla cyà mu budimi. Mwakù
ewu mmufùma ku mwakù wà pa mwandà kusòma,
mmùmwè nè, kusàwiila byà pa madimi nè mukalenga
mwadì nè bâna. Dinowa dyà byà mu budimi bwà
kumpàla, nànshà cipeta cyà mbedi cyà mu budimi bìdi
dibèènesha dyà Maweeja. C. Kabengele ùdi ùtwàmbila
nè: mulùma ùdi ùshipa nzòòlu, ùlàmbisha cyônsò cyà mu
budimi. Kumpàla kwà kubìdya, ùdi ùtèndeleela wàmba :

« *Mvìdya mukùlù, dîba kàtàngila cishikì, wêwe ki udi
mufùka bifùkììbwà byônso bìdì pa buloba, nè mubìpa
bantu bèèbà bwà bàbìdyà. Leelù tudi tudyà cimuma cyà
mu budimi bupyabùpyà, Vudìjà bikwàbù byà pa madimi.*

*Pèèsha bàdyadyà cyàkudyà eci bukolà cìbîkà mu dila,* pashììsha bàdi bàdya byà kudyà byônso bàbìjikija ». 9

## 2.1.2. Mulàmbù wà mashi

Mulàmbù wà mashi anyì wà mupùùyà wà munda nngewu ùdì ùfùma ku lulelu lwà muntu. Ku Balubà, bàdi bììtaba sè: mwoyi ke dipà dinènè dìdì Mvìdya Mukùlù Maweej'a Nangila mupà bantu. Bantu pààbò bàdi nè bukenji bwà kupà pakulàmbulangana munkacì mwàbò. Dîba edi, cintu cyônso cìdi cyènza dipà, bulengèle, mulàmbù. Ke cipeta cyà kumpàlà cyà ku mudimu wà muntu : difutu dyà kumpàla, byà pa madimi, mwâna wa kumpàla mu lubànzà. Nènku, mwâna wa kumpàla mu lubànzà lwà muntu yônso ùdi mulàmbù wà kulàmbula Maweej'a Nangila. Bàdi bàmubììkila nè: mmwan'à butà .

Pàdì mwan'à butà mwikàla wa balùma, ùdi ànu mwâna wa mulàmbù. Mmùmwè nè, mwâna wa balùma ùdi wàmbula bujitu bwà dîku dijimà. Yêye ki mupinganyi wa tatwĕndè. Kwôku maalu àà kulongolola mu dîku, yêye ki udi wakula mu dîna dyà dîku dijimà. Yêye kiwâshààla ùkòsa nsambù yà beena dîku, ùsèlesha mishika yàbò anyì ùyìkongola pàdìbi bìkèngediibwa. Mwâna wa balùma wa kumpàla ùdi kàbìdì mulwidi wa ditùnga dijimà. Kwôku mvìtà, yêye ki wîkala ntùng'à mùlòngò bwà kusùngila musòkò anyì ditùnga.

Bwà mushika wàkumpàla mu lubànzà, bàdi bàùlàmbula mu dîku mu dîna dyà kakwĕndè. Kakwĕndè pèndè, mupingana kùdì mukùl'wa bantu, ùdi ù'ùdya mu dîna dyà

---

9 C Kabengele, idem, p. 22-23

Maweeja uvwa mumupà mudìbu ùkaadì ùtanta ewu. Taatù kêna mwà kudìila mwanèndè mwan'à butà wa bakàjì byûma to, bwalu kîmbyèndè to, mbyà mulàmbù. Bu mùdìyi kàyi mwà kusèlesha mwanendè kùdì mwena dîku, ùdi wànyisha bwà kulàmbula byûmà byà dibàkà dyèndè. Ùdi ùfila mulàmbù munène, cimuma cyà munda mwendè anyì mashi èndè pakubènga kudìila mushika wèndè. Byûma ebi bàdi bàbìpèèshangana bilondèshìla bulongolodi bufìla kùdì bankambwà.

# 3. Byûma

## 3.1. Bunêmà bwà byûma

Ku mikìiyà yônsò ìdì ìtàngila dibàkà, difìlà dyà byûma ki mwandà munènè ùdì wènzeka. Bwalu byûma ki dibàkà diinà. Kakùyi byûma, kakwèna dibàkà nànsha. Mu dyâpu edi, tudi twenda nè Kalend' a Mwamba10, bwà kwanji kuleeja cìdì byûma biinà byùmvwija ku Balubà nè kukèba mwà kumvwa bunêma nè mushinga wàbì.

### 3.1.1. Byûma ncyêya

Byûma ncyêyà cìdì beena dîkù dyà mulùma bèèyeka bwà kuleeja dijinga dyàbò dyà kusèla mukàjì. Bàleeja kàbìdì nè, mbamanyà byônsò bìdìbo nè cyà kwenza bwà kulama nsongàkàjì wa bendè ewu bilenga. Byûma bìdi bìkolesha baledi bàà mukàjì ku mwoyi nè bìbùùmusha cisà cìdìbo naacì bwà diya dyà mushika wàbò ku dibàkà mu dîku dikwàbò. Byûma bìdi kàbìdì bìkànkamija beena dîkù dyà mukàjì mu mabòko, bìleeja nè, dîku kîndifwà to, bwalu, bônso mbashààla mu bwobùmwè.

**Mukàjì wa mpìtàkànyì:**
Byûma bìdi bìjaalamija dîku nè bìdìtancisha. Beena dîku bàdi bàshààla mu bwobùmwè pakukùmbaja mêyi nè mikàndu bibàshìila kùdì bankambwà. Dîku dìdi dìtanta

---

[10] Kalend'a Mwamba, "Shaba, Kasaï, où en sont nos coutumes ?" Duculot-Gembloux, 1981 p. 46-54

nè lulelu. Mudìbu ùdi ùtùngunuka mu ndelàngànyì. Dîku dìdi dìtanta nè kàbìdì dìpeta mwoyi ku mudimu wà yônso wa mu dîku, nî mmulùma nî mmukàjì. Bônso bàdi bàtèèka pàmwè byà ku mudimu wàbò, bù'uja diyeebà bwà dîku kadìbùtuki nè nzala. Nènku, ku lulelu nè mudimu, bàdi bàdyundisha dîku nè bàdìlama bwà sè, kadìfu.

Kàdi bu mùdì mu dibàkà, mulùma nè cyà kuya kusèla kaaba kale, ùdi ùya kwangata mukàjì mu dîku dikwàbò, bwalu kêna mwà kusèla mwanàbò wa mu dîku to. Nsongàkàjì udibò bàvwa kusèla nènku, ùdi ùpàtuka mu dîku dyàbò, ùya mu dîku dyà baa bàyendè. Mu dîku edi, nsongàkàjì ùdi ùkwàta mudimu ùvwàyi mwà kwikala mukwàta kwàbò bwà ku'uja diyeebà. Udi ùlela bâna ùdyundisha dîku dyà baabàyendè. Disèdiibwa dyà mushika dìdi dìshìya dîku dyàbò dìcìnkakana. Ki bwalu kaayì, byûma byà mushika, mbyà mulàmbù. Bìdi byàmbulwisha bwà mujikà wa mu dîku kusèlayì. Ki mukàjì udibò bàbìikila nè mmukàjì wa mpìtàkànyì. Mmùmwè nè, mukàjì udi upingana mushika ùdì mupàtùka, muyà kusèdiibwa mu dîku dikwàbò. Mukàjì wa mpìtàkànyì ewu ùdi ùvwa kulela, kudyundisha dîku nè kudìtancisha pa kwenza bìvwà mushika ùdì muyà mwàkwikala mwênza. Kàbìdì mushika ùdì muyà kawèna ùjìmina to. Mukàjì ewu ùdi bu civùlukilu cyèndè. Ùdi wìnyika mushika ewu dîna dyà mwâna wâlelayì. Ngenzelu ewu udi ufìla bupòla nè bulongàma mu dîku.

### 3.1.2. Byûma ndiswìka nè dijaadika dyà dibàkà

Byûma ki dibàkà diinà dìdìbo bàswìka kumpàlà kwà bàà

mwoyi nè bafwà. Mukàjì udibò kabàyi bafìdìla byûma ùdi ùdyùmvwa ànu bu mwenyi mu nzùbù mwà mulùma. Kêna ùdyùmvwa bu mukàjì musèla nànsha. Udi wènda mwoyi ku luzàdi, bwàlu kêna kubukòòkeshi bwà mulùma ewu to. Nànsha yêye mulelà nendè bâna, kênakù ùdyùmvwa bu musèdììbwa to. Mmusòmba pèndè kàyi mujadìka kwàfìkilàbo Nènku, bu mulùma mwà kuswa nè bàshiyanganà, àfìdilà mûnga mukàjì lupetu, muntu nànsha umwe kààkumudìwula.

Mbyà mwomùmwè, mulùma udi musòmba nè mukàjì kàyi mumufìdìla byûma ùdi pèndè musòmba mwoyi ku luzàdi. Ku bukù bwèndè bàdi bàmutàngila bu mwenyi, bumwîmvi muvwà kubàbwelela mu nzùbu, muvwà kutombola mushika wàbò, bwalu kîmmuvwà kudìleeja mu bulongàme. Yêye mulùma mwinà pèndè ùdi ùdyùmvwa ànu bu mujikà, kàyi lubànzà lujaalàma. Kêna nè bukenji pa mukàjì ewu. Mukàjì yêye ùsaama ànyì mu dikènga, mulùma ùdi mwà kufìla dyambulwisha, wènza ànu bwà bulundà pàtupù. Kêna pèndè ùdyùmvwa bu mubàka anyì bu muntu nè lubànzà. Mukàjì ùdi mwà kuya kwàbò dîba dìdìyi muswà kakùyi cilumbù. Nènku, byûma ki bìdì bìmupà lubànzà bìshìtakaja nsòmbelu wabò, bìfìla mushinga nè luumù ku dibàkà dyàbò.

### 3.1.3. Byûma mbuledi bwà mulùma

Kùdi buledi bwà ku bùntù, bùdì cifùkììbwà cyônso mwà kwikala naabò. Kàdi kùdi buledi bwà mu dîku, bùdì bùleeja mwâna kwabò kù baa tatwèndè, bùjaadika nè, bâna mbàà mulùma, nè bùpèèsha mulùma mwinè bukenji bwà kwinyika bâna dîna. Buledi ebu, mulùma ùdi ùbùpeta anu pàdìyi mufìdìla mukàjì byûma. Nènku, Kwimicisha mukàjì nè kulela nendè bâna kabyèna bìpa mulùma bukenji pa bâna to. Kakùyi byûma bifìla, bâna bàdi bàbwela mu dîkù dyà mukàjì nè bàpeta mêna àà ku luseka lwà mamwăbò.

### 3.1.4. Byûma ndimanyisha patòòka dinanga ku Bantu

Mulùma udi munânga mukàjì ùdi ùsumpakana bwà kudìleeja kùdì bakù bèndè nè kukùmbaja mikìiyà yônsò ìdì ìtàngila nsèlàngànyì. Bwà dibàkà kuswìkiibwadì, bìdi bìkèngediibwa nè, mulùma nè beena dîku bàleejà dijinga dyàbò patòòka. Pa nànku, bàdi bàya kudìleeja kùdì baledi bàà mukàjì, bwà mwandà ewu munène ùmanyikà nè maalu ônso ènzekà mu bulongàme.

Bwà kukùmbaja mwandà ewu, bìdi bìkèngela sè, kwìkalà cibanjì ku luseka lwà mulùma nè ku luseka lwà mukàjì. Bibanjì ebi mbantu basungula mu ditunga kùdì baledi anyì kùdì beena bwalu bwà kwikalabò tumònyi. Bu mùdì baledi kabàyi mwà kubìikila ditùnga dijimà ku dibàkà, baacibanjì ki baa mwìnàmpalà bàdì bu bapinganyi bàà beena ditùngà dijimà. Bôbo ki ditùnga diinà.

Cibanjì kêna ànu kamònyi to. Mudimu wèndè mmupìta wà kamònyi. Cibanjì ùdi bu mulongolodi wa byônso nè mufìdi wa bupòle bwà dibàkà kuswìkiibwadì bilenga. Ùdi bu mwìnàmpalà wà mbùlàmàtadì anyì mujaadiki wa bulelèlà bwà mwandà muswìka. Cìdì mwìnàmpalà mutwà cìtampì cìdi nè mushinga munène kumpàla kwà bukalenga bwà ditùnga.
Mudimu wà cibanjì kawèna ùjika to. Yêye ki mubedi nè

mukòshi wa nsambù pàdìku kakùyi dyumvwangana bwà
sè, dibàkà kadìfu kakùyi bwalu bwà nsongu.

Bu mùdì byûma biikàla cimanyinu cyà dinanga nè
kààlumbandì kàdì mulùma udi munânga mukàjì ùpèèsha
bakù bèndè, kabàtu bàbìtontolola to. Nènku, byûma
ncìtampì citwà ku dibàkà. Mudì wa byûma ki udi uswìka
bûngi bwà byûmà bìdì mukù nè cyà kufìla. Pàdìyi
munânga mushika wà mu dîku dyàbò, kêna wèla nsèka
mu ditwà dyà byûma to. Kàbèèna bâmba nè muntu àfilà
byûma byônso musangu ùmwè to. Mulùma ùdi ùfila
bilondèshìla dyèndè dimòna, ùvwa kujikija mukììyà ônso
kuunyimà. *Bukù kabùtu bùjika.*

### 3.1.5. Byûma mbujitu

Bu mùdìbo kabàyi mwà kutontolola byûma bimana
kutwà, mwandà ewu ùdi bujitu bunènè bùdì mulùma nè
baledi bàà mulùma naabò. Pa kutàngila, byûma kabyèna
nè bwà kwikala bipìtàpìta bûngi to, bwalu, mushika
kîncintu bàsùmbisha. Luseka lukwàbò, byûma kabyèna
mwà kwikala bikesà menemena to bwalu, mulùma nè
beena dîku dyèndè bàdi nè cyà kumvwa nè, mwandà
munène ùdi mu cyalu, kîmbilèlà bèèla to. Bu mùdì
mwandà wà byûma mùshindù awu, mulùma nè beena
dîku dyèndè bàdi nè bujitu bunène. Pàdìbo banânga
mukàjàbò, nebàdìtàcìshà bwà kukùmbaja mukììyà ewu
ùdì ùbweja nsongàlùmà wabò mu mulongo wà bantu
bakolè. Byûma ebi, mulùma ùdi mwà kubìpeta mu
mìshindù mishììlàngàna mutwàmònà pashììsha.

## 3.1.6. Byûma ncimanyinu cyà diitaba dyà baledi

Bwà kusèla mukàjì, mulùma ùdi ùlòmba dyanyisha kùdì
baledi bàà mukàjì bwà kulediibwayì mu dîku edi.
Dyanyisha dyà byûma dìdi dìleeja nè, baledi mbiitàba
dibàkà nè nabenzà mwàbò mwônso bwà sè, dibàkà edi
kadìfu cifwàfwàfwà.

Ku Balubà, nè mu matùnga mavulè àà mukwă Mufìika,
dibàkà kadyèna ànu bwalu bwà mulùma nè mukàjì.
Dibàkà mbwalu bunènè bùdì bùtàngila bantu bônso, bùdi
bùtàngila bàdì basèlàngàna nè beena mêku àbò bônso.
Diswìkà dyà dibàkà edi ndilelà maalu àbûngì àdì
mapìtàkàna munkacì emu :
- mêku àbìdì mmaswìka bulanda,
- mukàjì wa mpìtàkànyì mmubwêla mu dîku ku byûma
byà mushika,
- bâna nebàlediibwà anyì bàkaadi baledìibwa,
- ku luseka lukwàbò, mudì wa byûma ùkaadi mubìdyà
anyì musèlàngàna naabì,
Bu byôbi mwà kukèngela nè, bàpingajà byûma, mwandà
ewu ùdi ku bukòòkeshi bwà tatwěndè wa mukàjì anyì
bwà tùùtwêndè, kabwèna bùtàngila mudì wa byûma to,
bwalu, byûma kabàtu bàbìlùkisha udi mubìdya nànsha.
Malelà ônsò àkaadì maswìkìibwa bwà dibàkà edi
kabèèna mwà kuànyangakaja bu bilèlà bèèla. Ke bwalu
kaayì, baledi bàà mwâna wa bakàjì bàdi bàtàbaleela bwà
sè, dibàkà edi dìshitakanà. Mwanààbò àsombà tàlàlàà mu
dibàkà nè bàyendè. Mu byônso ebi, mamwěndè wa
mukàjì ùdi nè mudimu munènè wà kubela mwanèndè
bwà àboteshà kudìyi muyà, dibàkà kadìfù kakùyi bwalu
bunènè bùdìdi mwà kufwìla.

Byà mwomùmwè ku luseka lwà mulùma, muntu nànsha umwe kêna mwà kwanyisha nè, lutàtù lùvwàbo bapetà bwà kukùmbaja byûma lwìkalà lwà cyanàànà. Ke bwalu kaayì, baledi bàà mulùma bàdi pàòbò bènza mwàbò mwônso bwà sè, mwanàòbò àlamà mukàjì bîmpà, bàtancishà lwàbò lubànzà mu ditalala. Kabèèna mwà kwanyisha nè mwanàòbò ìikalà mwena bulàkù nè cinyangu bwà sè dibàkà dìfwa bwà bwenzàvì bwèndè to. Nènku beena dîku bônso bàdi ànu bàtùngunuka nè dibela mwanàòbò bwà àboteshà dibàkà. Mibelu eyi nebàyìfìlà dîba dyônsò dìdìbi bìkèngedìibwa, nànsha bâna bôbo batòòka nsukì kumutù. Bàmbìle nè: *Citùnji kacìtu cìpìta nshìngù.*

### 3.1.7. Byûma bìdi bìleeja nè, mwâna mmufùma kùdì baledi bônso bàbìdì

Ki bwalu kaayì, ku byûma kùdi citùpà cìdì cìya kùdì baatwèndè wa mwâna wa bakàjì: ki *mbùji wa bakìshi* anyì *wa bankambwà*. Mbùji ewu bàdi bàmudyà ànu kùdì tatwèndè wa mwâna wa bakàjì nè bâna bàòbò. Cînga citùpà cìdi cìya kùdì mamwèndè wa mwâna: ki *mbùji wa dibèèla*. Mbùji ewu bàdi bàmudyà ànu kùdì mamwèndè wa mwâna wa bakàjì, bâna bàòbò nè balundà bèndè. Ebi bìdi bìleeja nè, mwâna mmufùma kùdì taatù nè kùdì maamù. Pa kufìla mbùji eyi, mulùma pàmwè nè beena dîkù dyèndè bàdi bàleeja dyanyisha kùdì baledi bàà mukàjì nè bàpèèsha bankambwà bàà luseka lwà mukàjì luumù, bàbììtaba.

### 3.1.8. Byûma ncisanga mêku àbìdì ncisanga bàà mwoyi nè bafwà

Difìla dyà byûma dìdi dìsanga mêku àbìdì: dyà mulùma nè dyà mukàjì. Mêku a'a àdi àdìsanga ènza cintu cìmwè, malelà nè malandà bìshìtakana. Beena mêku àbìdì a'a kabèèna mwa kusèlelangana kàbìdì munkacì mwàbò to. Luseka lukwàbò, pàdì mulùma ùjikija bukù, baledi bàà mukàjì bàdi bàmupà mbùji udibò bàbìikila nè: *mbùji wa nsèlàngànyì*, cimanyinu cyà sè, baledi bàà mukàjì bàdi bàpèèsha bankambwà bàà luseka lwà mulùma luumù, bàbìitaba. Difìla dyà mbùji wa nsèlàngànyì ewu dìdi dìsangisha beena dîkù dyà mulùma bônso ku mwandà ewu wà disànka. Nènku, mbuji wa nsèlàngànyì, mbùji wa bankambwà nè mbùji wa dibèèla bìdi bìsanga mêku àbìdì a'a, bìsanga bàà mwoyi bìsanga bafwà. Bônso bàdi bàtwa dibàkà edi mpàndà bwà kudìshìndamija nè kudìjaadika; bìleeja nè dibàkà ndyanyisha kùdì Maweeja.

## 3.2. Mìshindù yà byûma anyì lupetu

### 3.2.1. Lupetu lûma

Lupetu lûma ki màkùtà. Màkùtà a'a bàdi bà'àpèèsha mudì wa byûma ônso cikèleketà, kabèèna bàtontolola. Ki bwalu kayi, mulòmbi wa byûma, pàdìyi munânga mushika wàbò, kêna mwà kwela nsèka to. Lupetu elu ki byûma biinà, lwôlu ki lùdìbo bàlàmbula bu mulàmbù. Nànsha mukù mufìla bintu bûngi cyakaa, kakùyi lupetu, kakwèna dibàkà nànsha. Bu dibàkà mwà kufwà, bôbo mwà kupingaja byûma, lupetu lûma elu ke lùdìbo bàpingaja.

## 3.2.2. Bintu

Bintu ki citùpà cyà byûma cìdì mukù ùpèèsha baledi bàà
mukàjèndè. Bintu ebi bìdi nè ngumvwilu pàbìdì :
Bintu nkààlumbandì kàdì mukù ùfìla bwà kwanyisha
baledi bàà mukàjèndè bwà byônsò bìvwàbo bênza bwà
kukolesha mwanà.àbò, kumufikisha ku dibàkà. Baledi
bàdì bakolèsha mwâna, nànsha kabàyi bamulelà, bàdì ànu
bàpeta pààbò bintu kùdì mukù.

Bintu mmulàmbù wà bwakàne bwalu mubìfìdi ùdi ùbìfìla
nè mwoyi wà dyanyisha. Baledi pààbò bàdi bàbyàkidila
nè musàngeelu, nànsha bôbo naabì byà bûngi, bàdi
bàsànka bwà kupeta mulàmbù mufùma ku dikùmbaja dya
mudimu ùvwàbo naawù bwà kufikisha mushika wàbò ku
bantu. Bintu ebi baledi bàdi bàbyàbanyangana nè bânà
bààbò bwà kutwìdila mwâna matà mu cyâdi, kumujingila
dikàsà dilenga kuyaayàyi.

3.2.2.1. Kààlumbandì bwà tatwěndè wa mwâna

Mulùma ùdi ùvwàdika tatwěndè mwenu, ùtenteka nè
bintu bìdì tatwěndàmwenu mwà kukwàta naabì mudimu.
Bàdi bàmulòmba kàbìdì mbùji:
- **mbùji wa bankambwà** kêna mwà kupangika mu bukù
to. (mbùji ewu nngwa mpumbu)
- **Mbùji wa mukòlù** nngwa kwanyisha nendè taatù bwà
tulù tùvwàyi ùpùmbila mwâna nè ngendu ìvwàyi wènda
bwà kufikisha mwanèndè kùdì bondapi. Kàdi mbùji ewu
bàbûngi kabàtu bàpìta kumulòmba to.

42

3.2.2.2. Kàalumbandì bwà mamwĕndè wa mwâna

Mulùma ùdi kàbìdì ùvwàdika màmwenèndè. Bìdì maamù ùpeta kùdì mukù wendè ebi ùdi pèndè mwà kubyàbanyangana nè bâna bààbò bàà bakàjì nànsha nè bakèènendè. Bôbo aba bàvwa pààbò bambùla nsongàkàjì pàcìvwàyi mwâna wa mucyâdi.
- **mbùji wa dibèèla (anyì wa mamwĕndè wa mwâna)** ùtu ànu wa dishìna. Bàdi bàmufìla bwà tulù tuvwà mamwende wa nsongàkàjì ùpùmba nè dibèèjà dìvwàyi ùbèèja mwanèndè pàvwàyi ùsaamasaama. Mbuji ewu ùdi ùya njila umwe nè mbùji wa bakìshi ku luseka lwà maamù.
- **mbùji wa nyimà** nngwa dishìna kàbìdì. Bàdi bàmufìla ànu pàdì mulùma musangàna mukàjì kamàmà, mmùmwè nè, mujimà, kàyi mwânji kumanya balùma bakwàbò. Pàdì màmwenèndè kàcìyipù, mulùma ùdi ùmupèèsha baamànsèbendè wa mukàjì.

Bwà mbùji wa nyimà ewu, dyumvwija dìdi nènku:
Mukàjì ki maamù mu dîku. Mukàjì ki mukòngoloji, ki mukùbi. Yêye ki mukoleshi wa bâna nè mulongeshi munène wa myandà yà dîku nè yà nsòmbelu wa pànu. Yêye ki mulami wa lubànzà lwèndè, ùlama bàyendè, ùlama bâna, ùbàsùngidila, ùbèèpula ku njìwù yônso. Yêye ki mudìishi, ki mutancishi wa dîku nè lulelu. Mubidi wèndè wà mukàjì mu kandòndò kààwù ùdi nzùbu wa cijila, mmubidi mukòmbela. Kawèna mwà kwikala wà bàdyatakaja ku màkàsà, bàùmòna kùdì ewu mulùma, bàùmòna kùdì wàwa to. Pàdì mukàjì ùmanya balùma musangu wèndè wà kumpàla, ùdi ùjìmija mashi. Mashi a'a mmashi àà cijila, mmashi àà mushinga mukolè. Kaèna

mwà kupweka cipwekàpwèkà nànsha. Bàdi bà'àfìdila
mbùji. Ki bwalu kaayì, baledi bàdi nè dîsu dikolè mu
nkoleshelu wa mishikankùndà yàbò. Mulùma udi umanya
mushika wà bendè kàyi muùfìdìla byûma, ùdi bu mwena
mucìma. Ùdi nè cyà kusèla nsongàkàjì ewu anyì kufuta
cibawu kùdì baledi bèndè.

Bìdi byà mwomùmwè nè mulùma udi wangata mushika
wà bendè, ù'ùbanjija bwà kusòmba naawù mu cìzungù
cyà bwena leelù kàyi muùfìdìla byûma. Disòmbà dyà
nènku ku balubà kadyèna dyanyìshììbwa nànsha kakesè.
Mulùma udi wangata mushika wàbendè mùshindù ewu
mmupânga kaneemu. Baledi bàà nsongàkàjì bàdi
bamumòna bu muntu cyanààna too nè dyàvwàyi kufìla
byûma. Mûnga muledi ùdi ùmufucisha cibawu bu
mùvwàye mupàtwìla mushika wèndè pa dìdìdiishì. Byà
mwomùmwè, nsongàkàjì udi uneemeka baledi bèndè,
kàbìdi muswà nè, bàmuneemèkà, kêna mwà kuya
kudìbanjija kwà mulùma baledi kabàyi bamanyà bwalu
to. Dîyi dyà baledi mu dibàkà dyà mwanààbò dìdi ànu nè
wàdì mushinga.

## 3.2.2.3. Kààlumbandì bwà mukù

Pàdì mulùma mujikìja difìlà dyà byûma, baledi bàà
mukàjì bàdi bàmupà mbùji wa nsèlàngànyì.
Bilondèshìla mutancì wà mwaba ùdì dibàkà dyènzekela
nè mwaba ùdì mudì wa byûma musòmbèla, mukù ùdi
mwà kufìla bintu byûma, mmùmwè nè, kufìla bìdì
bìkèngediibwa byônso mu màkùtà. Pàdì bâna bâsa kule,
mukììyà ewu, baledi bàdi mwà kuùjikija bôbo nkàyaabò
munkacì mwàbò.

## 3.3. Diimanyika dyà byûma

Pàdì nsongàkàjì mwimìta difù kumpàla kwà
kumufìdilabò lupetu, ùdi ùmanyisha mamwĕndè. Dîba
edi, bàdi bìndila ànu pààlelàyi bwà kushììsha kufìla
byûma. Bwalu, cìdì cyenzèka eci kîmbwalu bwà disànka
mu dîku to. Maamù ùdi nè dibungama dinène, bwalu,
mwandà wà mùshindù ewu ùdi ùjuula milandù mikolè
munkacì mwà baledi. Cilèma cyônso cìdi cìya kùdì
mamwĕndè wa nsongàkàjì bwalu yêye ki mulongeshi wa
kumpàla wa mushika wendè.

Bu mùdì dibàkà dìsangisha bàà mwoyi nè bafwà, baledi
bàdi nè bwôwa, bwalu kîmbamanyà mwàpìtakanàbi to.
Kakwèna muntu udi mumanyà cìdì munda nè bùdì udi
munda mwênda naabò. Nsongàkàjì ùdi munkacì mwà
bààmwoyi nè bafwà. Cikondo eci bàdi bàmba nè, mukàjì
ùdi kuulu kule. Udi bu musòmba pa ditàmbà dyà mucì.
Ditàmbà dìdi mwà kwapuka. Njìwù ìdi mwà
kumwenzekela. Bìdi bìkèngela kwimanyika difìlà dyà
byûma bwà kwanji kwakidila mwenyi mupyamùpyà.
Nènku, bàdi bàcyùnga mukàjì bwà àtuulukà bilenga.

Ku Balubà, mwâna mupyamùpyà bàdi bàmwakidila bu
mwenyi munène. Mwenyi mmuntu wa bendè wa
Maweeja. Mmutùmììbwa nè mukenji. Bwà kumanya
mùdì mwenyi mwênda, bàdi bàlongolola difika dyèndè,
bàmwakidila bilenga. Ki bwalu kaayì, bàdi bàlòmba
beena dîku bwà bàlekelà ndululu, bàtabaleelà mukàjì udi
kuulu kule, ku didyà nè dyondapiibwa, bwà mwenyi
mupyamùpyà ewu àfikà byakàna, àsanganà bupòle
mwaba ùdìyi ùvwa kutùùla. Pààfikàyi, kushììshabò

kubangulula mwandà wà difìla dyà byûma. Nènku, kulòmba byûma pàdì mukàjì kuulu kule bìdi bu kuyiila mwâna udi munda mu cipàngu. Pàdì mwâna ùlediibwa, mulùma yêye kàyi muvwà kufìla byûma, bàdi bàmunyènga mwâna, bàmwinyika dînà dyà kù baa mukàjì.

## 3.4. Kùdì kùfùma byûma [11]

### 3.4.1. Lupetu lwà bukolè

«Lupetu lwà bukolè mbyûma bìdì nsongàlùmà mudìtàcìsha mwà kupeta nkàyendè ku mudimu wèndè nè ku cisùùlùlù cyà mu mpàlà mwèndè bwà kusèlayì mukàjì anyì bifùma ku mudimu wà tùtwêndè». Pàdì nsongàlùmà mudìkòòkèshìla nkàyendè lupetu lwà kusèla naalù mukàjì, ùdi ùmanyisha tatwèndè nànsha mukùlù wa dîku bwalu bùdiyi naabò bwà àya kumufìla ku bukù. Ùdi ùmuleeja lupetu. Tatwèndè ùdi wàngata lupetu, ùlwèla lupèmbà, ùlùlama bwà lwǎnjì kulààla mu nzùbu mwèndè too nè ditùkù dyà kuya ku bukù.

Pàdì nsongàlùmà mudìsèlèla nànsha pàdìyi mwâsa kaaba kale, ùdi mwà kuya ku bukù nè mulundà wendè nànsha nè mwena dîku udi pa bwîpi. Nè bôbo aba, ùdi ùkùmbaja mikìiyà yônsò ìdì ìkèngediibwa ku bukù bwèndè. Cikondo cìdìyi ùswìka bwà kupingana mu ditùnga dyàbò, «ùdi ùya kudìleeja kùdì mukùlù udi mushààla mu dîku, bwà kufikisha mukàjì udiyì mudìsèlèla. (Pàdì baledi kù, ùdi wènza byàmwomùmwè. Baledi bàdi bàmwakidila bilenga nè yêye nè mukàjèndè. Pàshìisha bàdi bàmutùma

[11] C. Kabengele idem p. 86-88

kùdì mukùl'wa Bantu). Kabengele ùdi ùtwàmbila nè «*bu mùvwà nsongàlùmà mudìsèlèla, ùdi ùpèèsha mukùlwèndè kantu ku byanza. Mukùlù ùdi ùlongolola mwakanu wà mukàjì., ùdi ùtàpa mbùji ùshipa nè nzòòlo ìbìdì. Ùdi ùlàmbisha byà kudyà bwà kwanyisha bankambwà bèndè mùdì nsongàlùmà wabò mudìkolèla, mudìsèlèla mukàjì, pashììsha, muvwà kumulubula mu dîku. Beena dîku bônso bàdi bàdya. Mukùl'wa bantu ùdi ùlaaba mukàjì lupèmbà pa mpàla nè pa mabòko, ùbàjingila nsòmbelu mulenga, lulelu, ditanta nè dyàkalenga mu dibàkà dyàbò*».

### 3.4.2. Byûma byà mushika

«Bintu bìdì bìfùma ku dibàkà dyà mushika mbyûma byà mulàmbù». Ku balubà, nsongàkàjì wa kumpàla (anyì nè mwibîdi mu mânga mêku), mmushika ùdì mumana kufùndila dibàkà. Mmushika wà mulàmbù. Byûma byà mulàmbù mmukììyà mushìya kùdì bankambwà bwà kwanyisha Maweeja Nangila, pa kupìcila kùdì bankambwà aba bwà kutùtampakajila bukolè bwà kupeta lulelu, nè kulùtancisha mu mudìbù wètù. Ki bwalu kaayì, byûma mmulàmbù wà dyanyisha.

### 3.4.3. Lupetu lusanga

Pàdìku kakùyi mushika mu dîku, «*byûma bìdi mwà kufùma ku didìtàcisha dyà beena dîku bwà kusangishila wabò udi uswa kubwela mu dibàkà lupetu bwà àselà*». Muntu ùdi mwà kudìtànta kusèlela mwanàabò wa tatwĕndè. Udibò basèlèla mukàjì ùdi ùpingaja mulàmbù ewu pa kulàmbula pèndè byûma byà wèndè mushika. Kàbìdì balundà bàdi mwà kusèlela mwâna wa mulundà wabò anyì mwân'a nshìyà udi kàyi nè mùshindù.

### 3.4.4. Mulàmbù wà pa luseela

(Muntu ùdi mwà kusèlela mwanààbò wa mamwĕndè
udibò nendà difù dìmwè mukàjì. Ki byûma byà pa
luseela. Dîba edi, udibò basèlèla kêna anu nè cyà
kupingajila mwanààbò ewu to. Kàdi ùdi mwà kusèlèsha
pèndà mujikà wa mu dîku pàdìyi muswà).

### 3.4.5. Lupetu lwà bwîpu

«*Nsongàlùmà ùdi mwà kuya kùdì baamànsèbendè bwà
bôbo kumusèlela mukàjì*». Aba kabèèna mwà kubènga to.
Bôbo biinà bàdi mwà kuswìka bwà kusèlesha mwîpu
wabò, kumupà byûma nè byônsò bìdì bìkèngediibwa bwà
kusèlayì. Ngenzèlù ewu ùdi ùleeja lwendu lwà byûma nè
ntampakeenu wabì mu mêku. Mwîpu ùdi mulongo ùmwè
nè mwâna wa mukàjì wa mpìtàkànyì. Mànsèbendè ùdi
mwà kumusèlela bu mùdìyì mwà kwenzela mwanèndè.

## 3.5. Mudì wa byûma nnganyì ?

### 3.5.1. Mulàmbù wà kaakù

Pàdì muntu ùsèlesha mushika wèndè wàkumpàla, ùdi nè
cyà kufila mulàmbù wà kakwĕndè muledi wa tatwĕndè.
Ki cìdìbo bàbìikila nè: « mmulàmbù wà kaakù »
Mulàmbù ewu mulubà yônso ùdi nè bukenji bwà
kuùkùmbaja pakulàmbula mukùlw`a bantu. Ewu pa
buloba, ùdi bu mwìnàmpalà wà kakwăbò muledi wa
tatwăbò nè wà bankambwà bônsò bàà dîkù. Kakwăbò
ewu ki muji ùdì mutampàkàja bukolè bwà lulelu kùdìbo
bônso.

Pakuumusha bintu bibìshì bìdì bìya kùdì baledi bàà
mukàjì, lupetu lûma anyì màkùtà bìdi bìya byònso
cikèleketà kùdì mukùlù wa dîku udi nè cyà kudyà byûma
bilondèshìla bulongolodi bushìya. Bulongolodi ebu,
muledi yônso ùdi nè bukenji bwà kumanyisha bâna bèndè
mùdì maalu àà milàmbù àlondangana mu dîku dyàbò.
Kubàleeja cìdì « mulàmbù » ùmvwija nè kubàlongesha
mwà kuneemeka mulongo wà muntu yônso mu dîku.
Bwà kujingulula mwandà ewu bilenga, tudi mwà kubala
mifùndù yà C. Kabengele12 Apa tudi tufila mu cikòsù
bìdì mwà kwenzeka nè bidì byènzeka mu mêkù àabûngi
bwà dilondangana mu didyà dyà byûma. Apo, muntu
yônso ùdi mwà kwenza mùdìyi muswà ùneemeka
bulongolodi bwà mu dîkù dyàbò.

**- Cikòsù cyà mùdì dilondangana ku dilàmbulangana:**
Mu cikòsù, udi usèlesha ùdi ùlàmbula umwe wa ku bàdì
bàlonda aba :
**kakwěndè muntu mulùma,** muledi wa wendè tatwěndè
anyì
**mwanààbò nè kakwěndè** mulùma anyì mukàjì. Pììkalà
bônso aba kabàcìyipù, ùdi ùlàmbula :
**tatwěndè mukùlù** ki mwâna wa mwanààbò nè kakwendè
uvwa mwà kudyà byûma. (Yêye ewu ùdi mu mulongo wà
kakwěndè wa mushika); Pììkalà aba kabàcìyipù, byûma
bìdi bìya kùdì :
**Mukùlwèndè wa mu dîku.** Ki mwâna wa tatwěndè
mukùlù uvwa mwà kwikala mudyà byûma anyì umwe wa
ku bânà bàà tatwěndè mukùlù ucìdì nè mwoyi. (Yêye
ewu ùdi mu mulongo wà tatwěndè mukùlù wa mushika).

---

12 C. Kabengele, idem, p. 91

Pìikalà bônso aba kabàcìyipù ùdi ùlàmbula :
**Umwe wa ku bâna bàà mukùlwèndè** wa mu dîku uvwa mwà kwikala mudyà byûma, (ki tùùtwêndè wa mushika). Pìikalàku kakùcìyi muntu, musèleshi ùdi ùpèèsha mujikà ku luseka lwà baa tawěndè mukùlù ditumba dìdì kadìyi dyanji kulàmbula. Kwôku milandù, bakùlù bàdi bàtwìlangana, bàkòsa cilumbù.

### 3.5.2. Mulàmbù wà taatù

- Mu mêku ônsò à balubà, muntu kêna mwà kubènga kufìla mulàmbù wà mwanèndè wa bakàjì mwan`à butà. Apo mu mânga mêku, pàdì muntu ùsèlesha mushika wèndè mwibîdi, ùdi kàbì ùlàmbula. Byôbi nànku, musèleshi ùdi ùfìla mulàmbù kùdì tatwěndè mumuledi. Mulàmbù ewu bàdi bàùbìikila nè: « *mmulàmbù wà taatù* » Mu cikòsù udi usèlesha ùdi ùlàmbula umwe wa ku bàdì bàlonda aba :
**Tatwěndè mumuledi.** Pìikalàyi kàcìyipù ùdi ùlàmbula :
**Mwanàabò nè tatwěndè**, (tatwěndè mukùlù anyì tatwěndè mukàjì). Pìikalàbo kàbàcìyipù ùdi ùlàmbula :
**Tùùtwêndè** wa ditumba dyà tatwěndè: (ki tatwěndè mukùlù wa mushika). Pìikalàyi kàcìyipù ùdi ùlàmbula :
**Mwâna wa tùùtwêndè** uvwa mwà kwikala mudyà byûma: (ki tùùtwêndè wa mushika). Pìikalàyi kàcìyipù ùdi ùlàmbula :
**Mwakùnyèndè** wa dînga ditumba dyà tatwěndè anyì dyà umwe wa ku baa tatwěndè udibò kabàyi bânjì kulàmbula, ki (tatwěndè mwakùnyì wa mushika). Pàtupù bàdi bàsèlesha mujikà yônso wa mu dîku pìikalà ditumba dyàbò kadìyi dyanji kulàmbula anyì ùlàmbula wendè mwakùnyì. Kwôku milandù, bakùlù bàdi bàtwìlangana, bàkòsa cilumbù.

### 3.5.3. Musèleshi

Pa mwâna mwisâtu, muntu ùdi ùdìdììla byûma byà mwanèndè. Ùdi mwà kubìdya anyì kusèlesha naabì mujikà mu dîku. Ebi bìdi ku diswa dyèndè. Bilondèshìla ku mêku, byûmà bìdì nè bwalu bunène mbyà mushika wà kumpàla.

### 3.5.4. Mudimu wà mudì wa byûma

**- Bujitu bwà disèlesha**
Disèlesha dyà mushika, dyakidila dyà bakù nè didììshà dyà beena bukalenga nè bulongolodi bônso mmbujitu bùdì bukùngàma taatù nè maamu beena mwâna. Beena dîku bônso bàdi mwà kubèèlesha diboko. Mudì wa byûma cyèndè cìdìyi mutèkèmèna nkupeta lupetu mu byanza mwaba ônsò ùdìyi musòmbèla. Bàdi bàmubììkila ditùkù dyà difîla byûma pììkalayi mu cimenga cìmwè nè baledi bàà mwâna. Yêyapù, kêna wèla dîyi mu muyuukì nè bakù. Dilombola dyà muyuukì dìdi mu byanza byà cibanjì. Mudì wa byûma ùdi yêye ànu ùpeta byûmà byèndè. Àpo mu mânga mêku, taatù ùdi mwà kutùma bakù kùdì mudì wa byûma. Dîba edi, yêye ke udi wakidila bakù, ùbàlàmbila, ùkùmbaja mikììyà yônso. Byônso ebi ùdi ùbyènza nè mwoyi mulenga wà dinanga dyà mushika wàbò, mumanyà sè, kusèlesha mushika kîncisalu, kîmmushinga bèndela mwâna pambidi to. Baledi bàà mushika bàdi bàpeta byàbò bintu byà kùdì mukù wabò pa bula.

## - Cyà kwenza nè byûma

Mudì wa byûma ùdi mwà kwenza nè byûma ebi cìdìyi muswà. Udi mwà kubìdya nè lungènyi bu mùdìyi mwà kubìtùùlakaja butùùlàvì, aci ncimutàngìla àmu yêye. Kàdi pakutàngila menemena, mudì wa byûma byà mushika ùvwa nè cyà kusèla naabì mukàjì. Nènku, byûma byà mushika bàvwa bàsèlesha naabì mujikà wa mu dîku. Pàdìku kakùcìyi mujikà, mudì wa byûma ùdi mwà kubìtancisha pa kukwàta naabì mudimu kampànda anyì kwenza cintu cìdì mwa kushààla civùlukilu cyà byûmà byà mushika wàbò.

# 4. Dibàkà

## 4.1. Mêyi nè mikenji yà babàka

### 4.1.1. Mikenji nè bukenji bùdì nààbò mukàjì

**- Bukenji bwà mukàjì:**
Mu dibàkà dyèndè edi, mukàjì kêna ànu nè nkàndì nè mikenji yà kulonda nè kukùmbaja to. Ùdi nè bukenji bwà kwikala nè disànka mu nzùbu, kupeta dinanga nè kaneemu, dimutàbaleela nè dimutwìla mushinga kùdì bàyendè. Kupeta kaneemu kumêsu àà bâna nè beena bukalenga. Mulùma nè beena kwàbò bàdi nè bukenji bwà kumwakidila bilenga, kumusùngidila, kumwambulwisha mu disaamà nè mu dikènga, kumwangata nè mushinga. Mukàjì ùdi nè bukenji bwà kusòmba mu dîku dyà baa bàyendè kakùyi dipampakana. Nànsha bàyendè mumanà kufwà, ùdi mwà kushààla mu dîku pàdìyi muswà. Bu yêye mwà kusèdiibwa, ùdi kàbìdì nè bukenji bwà kuya ku bukòòkeshi bwà mulùma awu.

**- Mikenji yà mukàjì:**
**Kùdì bàyendè,** mukàjì ùdi nè cyà :
Kunanga bàyendè, kumuneemeka, kumupà luumù ku Bantu pa kudìlama mu nsòmbelu. Mukàjì kêna mwà kusambuka byûma mùdì kasùmù aka kàmba: « *mukàjì nkasèbà kàà kabundi, kabàtu bàkàsòmba kùdì bakalenga bàbìdì* ». Mukàjì ùdi nè cyà kuvùluka bàyendè ku didyà nè ku mvwàdilu : « *Bwanga bwà dibàkà mmupànji* ». Mukàjì cyèndè nkukùmbaja midimu yèndè yà mu dibàkà, kucyùnga bàyendè, kumutèèleja ku dîyi nè

53

kumutàbaleela, bwà bàsombà mu bupòle. Mukàjì wà
mwoyi wà lukùka nè wà zùkùzùkù, mukàjì wa butùùlàvì
nè wa byanza bila kêna mwà kupèèsha bàyendè bupòla
mu mwoyi. Bakùlù bĕlèle tusùmù nè:
*Bàdyadyabàdyadya ùfwìshìla bàyendè mwitu.*
*Nzòòlo ùdi wàkanangana ànu nè cyà pa muminu wèndè.*
*Mbùji ùdì ùdììla ànu pa bula bwà mwonjì ùdì mu shìngù.*

## Nsòmbelu wa mukàjì nè baledi bàà bàyendè
Mukàjì ùdi nè cyà kwikala nè nsòmbelu wa kanèèmu nè
bakù bèndè. Mukàjì ùdi ùtàngila baledi bàà mulùma bu
baledi bèndè, ùbàvùluka, ùbàkùùla mu yàbò ntàtu bu
mùdìyi mwà kwenzela bèndè baledi. Mu disòmba,
mukàjì ùdi nè cyà kwikala mulamàkàna nè màmwenèndè
bwà kulonga maalu àà dîku. Kwepela dibwelakana mu
maalu àà mu lubànzà lwà baledi bàà bàyendè. Mu dîkù
dyà baa bàyendè emu, bàdi bàtàngila mukàjì bu maamù
nè mukùbi wa bônso. Ki bwalu kaayì mukàjì ùdi nè cyà
kwikala muntu wa disànka, wa mwoyi mulenga, wa
mwoyi wà kaloolo, mutèèleji nè mwakididi wa bantu. Mu
dibàkà dyèndè mukàjì mmuvwà bwà kutancisha dîku nè
lulelu.

## Nsòmbelu nè baa bàyendàciinà
Mukàjì ùdi ùshììla bakùlù bàà bàyendè kaaba. Udi
wàkidila beena kù baa mulùma bilenga, cikòlà mumanyà
nè, kuneemekangana ndîyi dikùlù. Mwanààbò nè mulùma
bàdi bàmubìikila nè mbàyendàciinà wa mukàjì,
mmùmwè nè, mbàyendè, kàdi munkacì mwàbò mùdi
ciinà, anyì lukìta. Muntu kêna mwà kusambuka ciinà eci
to, ànu pàdibo bàcìlàndakaja nè bulaba. Mmùmwè nè,
mwakùnyì wa mulùma kêna mwà kusangila nè mukàjì

54

wa mwanàabò pàcìdì mwanàabò nè mwoyi nànsha
kakesè. Ùdi mwà kumupyàna, kàdi ànu kunyimà kwà
lufù lwà tùùtwêndè nè kàbìdì ànu pàdì mukàjì muswà
bwà bàmupyànà. Kàdi ebi kàbyèna byènzeka kàbìdì
cikondo cyà leelù to.

### 4.1.2. Mikenji nè bukenji bwà mulùma

**- Bukenji bwà mulùma:**
Mulùma ùdi nè bukenji bwà kupeta dinanga, kaneemu nè
dimutàbaleela dyà pabwàdì kùdì mukàjèndè. Ku bukù
bwèndè, bàdi bàmusekelela nè kaneemu, bàmwakidila bu
mwenyi munène.

**- Mikenji yà mulùma**

*- Kùdì mukàjèndè:*
Mulùma ùdi nè cyà: kunanga mukàjèndè. Kumuneemeka
pa kumwangata nè mushinga. Kumupèèsha luumù
kumêsù àà bantu nè kumpàlà kwà bâna. Kumupà kèndè
kaaba nè wendè nzùbu wa kusòmba. Kumukùba.
Kumuvùluka ku didyà nè divwàla. Kumwondapa anyì
kumwondapisha pàdìyi ùsaama. Kumwambulwisha.
Kumutàbaleela nè kukùmbaja majinga èndè ônso.
Kumukùùla mu ntàtu yônsò ìdì mwà kumuvwila.
Kumutèèleja. Kumanya èndè majinga nè byèndè
biibidilu. Kuneemeka cibambalu nè bulàalù bwà
mukàjèndè pa kubènga kubwejamù mûnga mukàjì.
Kwambula bujitu bônsò bwà mukàjèndè. Kwitaba sè
mukàjì ùdi nè bukenji bwà kupingana kwàbò dîba dyônsò
dìdìku maalu manène mu dîku nè kumupàya lwendu.

Cyônsò cìdì mwà kwenzekela mukàjì, cìdi ku bukòòkeshi bwèndè. Mukàjì yêye mupetà njìwù, mulùma ùdi nè cilumbù kumpàla kwà baledi bàà mukàjì. Mu mibelu, taatù ùdi ùdìmuja mwanèndè wa balùma ùmwambila sè : « *Kabèèna bàkubìikila nè udi kampànda anu bwalu wasèdi to, bukampàndà bwèbè mpaùdì musèla, ùleeja nè udi nè bukòòkeshi bwà kutèèka mukàjì pa kèndè kaaba, kumudììsha nè kukùmbaja majinga èndè wônso* ». Ùdi ùsàkidila kàbìdì: « *wêwe nyawù wâsù mwà kubàka, kàdi cyùmvu cilumbù mu dibàkà dyèbè* » 13.

- *Ku bukù bwèndè* :
Ku bukù, mulùma ùdi kàbìdì nè mikenji yà kukùmbaja. Kuleeja kaneemu kùdì baledi bàà mukàjèndè. Kushìila màmwenèndè kaabà kanène. Pàdìku mùshindù, kumutàbaleela. Bămbìle nè : *Dibàkà nnyoku mwenu*. Màmwenèndè ki udi mwà kumubelela mukàjì bilenga. Mulùma ùdi nè cyà kuleeja kaneemu kùdì tatwèndàmwenu. Kutàbaleela èndè majinga nè ku'àkùmbaja bilondèshìla bwèndè bumònyi.

Mulùma ùdi nè cyà kumwèneka ku bukù bwèndè dîba dyônsò dìdìku bwalu bunène, nî mbwà disànka nî mbwà dibungama. Udi nè cyà kufìlà kèndè kàdìyi naakù bwà kukùùla bakù bèndè bwalu : *ku bukù nku dyala*. Kaneemu kàà bakù mbwalu bunène, mulùma ùdi nè cyà kwepela bwambàvì nè ciibidilu cyà kupendapenda mukàjèndè, bwalu pàdìyi nè ciibidilu cyà kupeetula mukàjì, dikwàbò edi neàfikà kudimupendela baledi. Cipendu kacyèna cìkèngela ànu citùndubula to, kupenda mukàjì mu mipinganyi nànsha mu nsêndà, bìdi ànu cipendu nè

――――――
13 J. Mbuyi idem, p. 6-7

56

kapeejà. Ki bwalu kaayì, mu matàndu, mbîmpà kwepela ditèèla dyà baledi. Bakùlù bămbìle nè: *mukalenge kàtu nè mfûmwèndè, mfûmwèndè mmukù wendè* Muledi yêye mufwà, mulùma ùdi nè cyà kulongolwela mukàjèndè lwendu lwà kuya ku madilu anyì kuya nendè. Pàdì mukàjì mudyànjìla ku madilu, mulùma udi nè cyà kulonda bwà kuya kudila mukù. Eci ke *"diyà kupuuta"*.

*- Nè baabukondà bwèndè* :
Mulùma ùdi kàbìdì nè cyà kuneemekangana nè ba bukondà bwèndè. Kubàmbulwisha pàdìbo mu lutàtu. Kwangata baakùnyì bàà mukàjèndè bu baakùnyì bèndè. Kubàleeja dinanga nè nsòmbelu mulenga. Udi mwà kwela naabò mapìkù, kàdi kêna mwà kusambuka. Bàkùlù bàà mukàjèndè bàdi bu bakù. Mulùma ùdi nè cyà kubàshìila kaba. Munkacì mwàbò bànemekangana: «*butà bùneemeka mpàndà, mpàndà ùneemeka butà*».

*- Nè bantu bônso:*
Mu nsòmbelu nè bantu, mulùma ùdi nè cyà kuneemeka muntu yônso, kuneemeka nè kucìina mukàj'a bendè, bintu byà bendè nè mushika wà bendè. Kutùpa ku byônso ebi kùdi kùkèba mbììpishilu, bipùpù bibì nè lufù mu lubànzà.

### 4.1.3. Mikenji yà mulùma nè mukàjì kùdì baledi bààbò

Bonso bàbìdì, mulùma nè mukàjì, bàdi bàleeja baledi bààbò dinanga, kaneemu, nè dibàtàbaleela dyà pabwàdì pakubàkùmbula, kubàvùluka, kubàkùùla mu yabò ntàtu nè makènga. Kubàpèèsha dyambulwisha pàdìbi bìkèngediibwa. Kubàcyùnga mu dìsaamà. Dyà lufù

lwàbò, kubàtèèkela madilu, kubàjiika nè luumù.
Bàmanyà sè pàdì muntu ùsèla anyì ùsèdiibwa kêna wèla
beena kwàbò nyimà to. Ku mêsù àà baledi bèndè, muntu
nànsha yêye mulelà bâna mulongo, ùdi ànu mu mulongo
wà mwâna. Dyà bwalu bukwàta baledi, nîmbwà disànka
nîmbwà dibungama, bâna bônso bàdi nè cyà
kubàmwènekela.

### 4.1.4. Mikenji yà baledi kùdì bânà bààbò

Bwà baledi bàà nseka yônso, lwà mulùma nè lwà mukàjì,
bânà nànsha bôbo nsukì mitòòka ku mutù, baledi bàdi
ànu nè bukenji bwà kubàbela bwà bàboteshà dibàkà,
bàsòmbà ku macì tàlàlàà. Bàdi kàbìdì nè bukenji bwà
kubàmbulwisha pa kucyùnga biikùlù dîbà dìdì bânà
bààbò kabàyi nè mùshindu anyì pàdìbo bayà ku mudimu,
ku lwendu tâ bàsaama. Baledi bàdi kàbìdì nè bukenji bwà
kukùùla bânà bààbò mu dikènga, kubààkidila bu bâna
balela.

*- Baledi bàà mukàjì :*
Pàdì byûma bimana kufìla, nànsha kabìyi bijikija byônso,
dibàkà ndiswìkììbwa. Mulùma ùdi mwà kwangata
mukàjèndè. Dîba edi, baledi bàà mukàjì nè beena dîku
bônso bàdi bàsumpakana bwà kulonga mushika wàbò,
kuyà kuùfìla mu dîkù dyà baa bàyendè. Baledi ki babedi
bàà kumpàla bàà mwanà
 bò. Dîyi dinènè dìdì dìpàtuka
mukana mwà maamù ndyà sè: *wâmanya, kùyi kumpende-
shisha ku dibàkà.* Disànkà dyà baledi nè luumù lwàbò
nkumòna mwanà
bò mubòtèsha ku dibàkà. Wàbò
mudimu nngwà kutàbaleela bwà sè, dibàkà edi kadìfu
cifwàfwàfwà.

Maamù ùdi nèbukenji bwà kuya kwà mwanèndè bwà kumukòla nànsha ngondo ìsàtù yàkumpàla pàdìyi mulelà. Maamù ùdi kàbìdì mwà kwakidila mwâna nè mamwĕndè kwèndè kumbèlu bwà kumukòla. Pàdì mwanààbò mu dibàkà dyà cinyangu, baledi bàdi nè bukenji bwà kumukongola pa kupingajila mulùma wà cinyangu ewu byûma. Kàdi pakutàngila, bàdi ànu bànji kubela mulùma. Pàdìyi kàyi wa lumvu, bàdi bàmutàndisha, bàmufucishà too nè bibawu. Pàdìku kàkùyi dishintuluka, bàdi bàshipeesha dibàkà edi.

### - Baledi bàà mulùma :
Ku lwàbò luseka, baledi bàà mulùma bàdi bààkidila mukàjì wa mwanààbò bilenga, bàmuleeja kaneemu. Luumù lwàbò mpàdì mwanààbò wa balùma mulamà mukàjì bilenga, mwikàla nendè nè dîyì dyà musàngeelu. Mamwĕndè wa mulùma ùdi nè mudimu wà kumanyisha mukàj'a mwanèndè maalu àà mu dîku, bwalu yêye ki wâshààla mulami wa bàyendè nè mulubuluji wa dîku dijimà. Mudimu wèndè nngwà kubela nè kuleeja mukàj'a mwâna nsombelu wa mu dîku. Dibanjija dyà mukàjì wa mwana nè mwâna mwinà mmudimu wà mamwĕndè wa mulùma nè beena kwàbò.

## 4.1.5. Bukenji bwà baledi
Baledi bàdi nè bukenji bwà kupeta dinanga, kaneemu nè ditàbaleela dyà pabwàdyò kùdì bâna nè kùdì biikùlù. Bàdi bàpeta dyambulwisha dibà dyà dikenga anyì dyà dìsamà. Bôbo mwà kufwà, bâna bàdi bàbàjiika bilenga, bàbàtèèkela madilu manène.

## 4.2. Kiipàcìlà kàà dibàkà

### 4.2.1. Lulelu

Bantu bàdi bàsèlangana bwà kulela, kwasa lwàbò
lubànzà, kutancisha dîku. Dilediibwa dyà mwâna mu
nzùbu dìdi dìjalamija dibàkà, dìshìtakaja malanda,
dìshintulula milongo yà bantu bônso: bâna bàdi bàbwela
mu lukòngù lwà baledi, baledi bènza baakaakù. Difika
dyà mwâna mupyamùpyà dìdi dìfìla disànka nè dìkolesha
dinanga. Dîba edi, pàdìku ndululu, bàdi bàyìtuuyisha,
dyumvwangana dìbwela mu nzùbu.

Pàdì mukàjì kàyi ùlela, dibàkà dyôdi difwà bwà bukumba
ebu, kakwèna muntu wâdìwula mukwàbò to. Kàdi pa
kutàngila, bantu bônso kabèèna bàbènga mukàjì ànu nè
bwalu kêna ùlela to. Nkumba udi kàyi ùlela ùdi mwà
kukònga bâna bàà mu dîku, kukolesha nshìyà yà ku
baabàyendè nè yà kwàbò, kuyìcyùngà ànu bu bâna bèndè.
Leelù bàdi kàbìdì bàtàta bwà kufikisha mukàjì ku nzùbù
yà cyondopelu anyì bèèlesha ku mikàndà bânà bàdì
kabàyi nè baledi. Kàdi nànsha pakale bàvwa kàbìdì ànu
bànji kutàta bwà kukèbela mukàjì manga àdì mwà
kukàngula lulelu. Muntu ùdi kàbìdì mwà kulama mukàjì
nkumba bwà maalu èndè malenga nè nsòmbelu wa
bupòle. Bìdi bìleeja sè, mukàjì wa maalu mashême ùdi
ùkùmbaja kiipàcìlà kiibîdì kàà dibàkà.

### 4.2.2. Disòmba bàbìdì ku macì tàlàlàà

Bakùlù bămbìle nè: « bàbìdì mbapìte, nkààyà ndutàtu »,
« kudyà nè mujikà nkudyà nè mmwena busùmù »,

« *mujikà ncidìlabwila bisamba* » anyì « *mujikà mmuntu cyanààná* » Disànkà dyà muntu yônso pànu, nkupeta lubànzà. Bushùwà, lulelu lùdi lushìtakaja malanda munkacì mwà babàka nè mwà beena dîkù dyà mulùma nè dyà mukàjì. Nènku lulelu mbwalu bwà kumpàla. Kàdi pàdì muntu ùbwela mu dibàkà kîmbwà kwikala kwenda nè myadi nè binsònji ku mêsu nè dibungama mu mwoyi to. Kiipàcìlà kanène nkwikala nè disànka, nè dyàkalenga. Kabèèna mwà kwasa nzùbu mu lusenga. Lubànzà kalwèna mwà kuya kumpàla pàdìku kakùyi dinanga dilelèlà nè bupòla. Dibàkà nkusòmba bàbìdì bu beena muntu, kuyuukidishangana, kusekesha-ngana, kuya mapìkù. Mulùma wa kàyi tuseku, àmu dîyi dyà nkàbùkàbù ùdi wèlesha mukàjì menji pabì mùdì kasambu kàà majìya aka :
"*Màà mù wa kaakù cîmukwawìla mutù leelù...*
*mbààdi mulààla nshìngù mutèèka mu diyeebà...*
*Beena balùma bàseka bàyuukila naabò we ...*
*wanyì mulùma ùseka nì cyanza ku mwelà*"...

Dikèngesha dyà mukàjì, nènkùdì mulùma nênkùdì bena kwàbò, bipendu, mituutu, dimupeepeja ku mêsu àà bantu nè ku mêsu àà bâna, byônso ebi kabyèna bìjaalamija dibàka. Cilèlà cyà kutuuta mukàjì, kumukisa, eci nsòmbelu wa kanyawù. Bakùlù bàmbìle nè: *mudyà nèndè kîmufwìsha, wâmutùma nè mwoyi kwàbò.* Bàmbìle kàbìdì nè: *wafìla kùshìndikiji.*

Mukàjì udi mulùma ùkèngesha, ùpeepeja, ùfwìsha bundù munkacì mwà bantu, nànsha bôbo bamulekèèla byûma, neàjingà bwà kupingana kwàbò, kushìya byûma byà mulùma wa cinyangu nè kapeejà. Ki pàdì mukàjì udi

myoyi mishìikìla munda mwà kutùùla mêyi kwamba:
«*nyàya kwètù, nànsha bàkwàmba nzala*», «*ndi nya ànu
kwètù, nkalêpa mabòko nè cìlùngàlùngà*». Ku luseka
lukwàbò, mulùma yêye nè minu mikolè, mukàjì ùdi
kàbìdì mwà kutùùla dîyi mùdì musambo wà majìya ewu:
*Nyàya kwètù nyàya kadyà kaleji*
*aka kalùma kàdi nè cifìtà,*
*kàshipa mbùji kàmpala byà munda.*

Bìdi kàbìdì bibì bwà mulùma udi wenda unyangila
màkùtà mu ditùnga ku bunwàvì, butùùlàvì, bwendènda,
ùpwa mukàjèndè mwoyi kumbèlu, mulùma udi
mudìnânga ànu yêye, kàyi ùtwa mukàjèndè mushinga.
Dîba edi, nànsha kwôku bâna baledìibwa, mukàjì yêye
mwà kusùnuka kupingàna kwàbò bwà nsòmbelu mubì wa
cinyangu, baledi bàdi nè bukenji bwà kulama mwanàabò
too nè pàavwà mulùma kulòmba dilekela nè kufuta
cibawu. Mînga misangu, dibàkà diinà dìdi mwà
kufwìlamù.

Ku lwàbò luseka, baledi bàà mulùma kabèèna mwà
kusànka nè, mwanàabò ìikalà ùkèngesha mukàjì to.
Mibelu yà tatwèndè wa mulùma ìdi nènku : « *(...) ùlekelà
mêyi àà ngângângâ bwalu mukàjì wônso uudì
mumòneewu kêna ùswa mutooyi bwàcyà bwìlà (...)
Muntu bàdi bàmumòna nè nkampànda ànu pààbanjinjàye
mukàjì kumbèlu (...) mukàjì ncisokomenu cyà muntu
mulùme wônso uudì mumòne ewu (...)...(...) Pawìkalè
ànu (...) wâmòna nè kêna mwênza (...) èkutuuta ...
kwêna uvwa kubòtesha lwèbè lubànzà (...), neùvwe
kumpendesha kùdì bakwètù nè, kampànda kêna mulelè
mwâna, mmulelè cidingidingi (...) Mukàjì ônso ewu kêna*

*wànyisha bipendu bibì kùdì bàyendè nê mbantu batwìle panshì » (...) « wêwe paùdì uya kusèla webè mukàjì apu, cyèbè nkumanya mwà kusòmba nendè àmu bilenga, kumudimina pèèbè, bwalu pììkalà mukàjì kàyi ùmòna byèndè byàkudyà, ùsòmba àmu nè nzala bwàcyà bwìlà, nèàkunyêmè lùbilu »[14].*

Bìdi byà mwomùmwè nè bwà mukàjì udi ukèngesha bàyendè, ùmupala byà kudyà, ùmutuuta, ùmupanga kaneemu kumêsù àà bantu nè kumpàlà kwà bâna. Mukàjì wa lutooyitooyi, kàyi ùpèèsha bàyendè ditalala, ùdi upàtula mulùma mu nzùbu. Mukàjì udi ujuula matàndu dyà mulààdilu wà lwendu, ùdi mwà kutuucisha mulùma dikàsà dibì nê nku mudimu, nê nku lwendu ùya. Dîba edi, nànsha kwôku bâna, mulùma ùdi mwà kumwangala tâ beena dîku dyèndè bàdi mwà kwela dîyi mu nsòmbelu wa kanyawù wà nènku, pàmwè apa, kushipeeshisha dibàkà pàdì mwanààbò wa balùma kàyi mutàbàla.

## 4.3. Difwà dyà dibàkà

Dibàkà kadyèna mwà kufwà cifwàfwàfwà to. Baledi, cibanjì, balundà..., bantu bônso bàdi bàsumpakana bwà kwambulwisha babàka bwà sè, dibàkà kadìfu kakùyi bwalu bunène. Pàdì dyumvwangana dìkèèpa mu nzùbu, Mulùma nè mukàjì bàdi bàmanyisha baledi bààbò. Pàdì cibanjì pabwîpi, ùdi ùtàta pèndè mwà kubàbela. Kàdi dibàkà dyôdi mwà kufwà, tatwĕndè wa mukàjì anyi mukùlù wa mukàjì ke udi upingaja byûma. Àpo misangu mivulè, pàdìku bâna baledìibwa, kabàtu bàlondesha

---

[14] J. Mbuyi idem, p. 18-21

byûma to bwalu, kiipàcìlà kanène mu dibàkà ndulelu. Pàdì mukàjì mulelà, byûma kabìcyènakù to, mbimana kubwikidija kùdì lulelu lwà mukàjì. Bàtu bàmba nè: dibàkà dyà bâna kadìtu dìfwa. Mukàjì ùdi ùshààla nè bulelà ku luseka lwà baa bàyendè mu dîna dyà bâna. Mulùma yêye musùmìsha àmu nè bàmupingàjìlà byûma byèndè, baledi bàdi mwà kupingajila mulùma ewu byûma nànsha byà ndingudingu. Bânga baledi bàdi mwà kubènga bwalu bâna mbalediìbwa. Àpo kùdi maalu manènè àdì mwà kufikisha ku dishipa dyà dibàkà :

## 4.3.1. Butungu bwà mulùma 15, 16

Mulùma yêye mumanyà nè, ùdi mutungu, ùdi ùtancila kùdì mungàngà, ùmanyisha baledi bèndè, bwà bàkebà pààbò mwà kumwondapisha. Dibàkà dyôdi mwà kufwà bwa bwalu ebu, kabyèna bìkèmesha muntu to.

[15] Mabika Kalanda « Le code de la Famille à l'Epreuve de l'Authensité » Laboratoire d'analyses Sociales de Kinshasa, (LASK)1990, L'harmattan. P. 56
[16] J. Mbuyi, idem p. 109

## 4.3.2. Disambuka dyà byûma

Disambuka dyà byûma mmukàndu munène ku Balubà. Ditùpà dyà ku mukàndu ewu dìdi dìlela mbìipishilu, dìfikisha ku dishipa dyà dibàkà kakùyi lusa. Bwà kumvwa mwandà ewu, twănjì kumòna cyena bwalu :

Kiipàcìlà kàà dibàkà nkutancisha dîku nè lulelu. Beena dîku bàdi bàmanyinangana ku ndelàngànyì yàbò nè ku nkambwà wabò umwe Mwâna yônso ùdi nè cyà kumanya tatwĕndè bwà kumònayì mwà kujaalama mu dîku nè kukola bilenga pashììsha kwikala nè bulongàme mu mutù mwèndè. Bwà mwâna kupeta mêna àà mu cibòòbò àà kumutwàbo naawù makùmbù, bìdi bìkèngela nè, àmanyà miji yèndè, àmanyà bankambwà bèndè. Amanyà tatwĕndè nè ndelàngànyì yàbò.

Mukàjì yêye mulelà mwâna nè mulùma mukwàbò, ùdi ùnyanga dimiinu. Mwâna ewu kêna nè miji ìmwè nè bâna bakwàbò, kêna ùmanya wèndè mwaba mu dîku edi to. Nebìikalà      bàmwelulwila,      bàmufukunununa, bàmufunkuna nè mishìku. Mwâna ewu kêna mwà kupeta disanka munkacì mwà bakwàbò to. Pashììsha, nsòmbelu wa mukàjì nè mulùma ùdi ùsaapuluka. Bwàlu bwà nènku bùdi bùfikisha ku matàndu nè ku dishipa dyà dibàkà.

Luseka lukwàbò, mukàjì yêye nè bwendènda nè lukùkà, ùdììsha bâna nè màkùtà àà cibawu mapeta mu bwendèndà ebu ùdi ùnyanga lubànzà nè ùbweja lufù mu nzùbu. Pashììsha, nkoleshelu kaayì wâpèèshayì mishikankùndà yèndè?. Ki bwalu kaayì, pa mwandà ewu, baledi bàdi nè

dîsu dikolè mu nkoleshilu wa nsongàkàjì yàbò. Tudi
tubala mu bìdì bifùnda kùdì J. Mbuyi mu dibèjì dyà 123
mêyi a'a mashilè pa bwendènda : « (…) *mukàjì wa bàà*
*kale, yêye mwende masandi, bônso bàdi bàmba nè : Awu*
*mukàjì wàkushipa mukàndù wètù, katwèna*
*tumumòna…* ». Mêyi a'a àdi àleeja nè, ku balubà,
kabèèna bàànyisha mukàjì wa « lutàmbu ». nè àdi àleeja
kàbìdì bukolè bwà mukàndu mwela. Nènku, mu mibelu
maamù ùdi ùkòka mwanèndè wa bakàjì dicì, ùmudìmuja
pa bwalu ebu ùmwambila: « kùdìdìngi, kùdìdìngi,
mushinga wèbè wà muntu mukàjì mpaùdì udìlama ».

Nènku, mukàndù wà bwendènda ewu mbwalu bunène ku
balubà. Bukolè bwàwu bùdi bu bùdì bùbwikidija mikenji
yà mulùma, bìleeja bu nè, mulùma udi mwà kwenza
cyônsò cìdìyi muswà. Kàdi pa kutàngila bulelèlà,
kabyèna nè bwà kwikala nànku nè kabìvwa nànku to. Mu
nsòmbelu wa bankambwà, mulùma ùvwa pèndè nè
mikenji yà kulonda nè nkàndì yà kulama mu disòmba nè
mukàjì. Nànsha cikondo citùdì leelù eci, baledi bàà
mulùma kabèèna mwà kusànka pàdì mwanààbò
mubèngèla mu ditùnga to. Ke bwalu kaayì, netùmona nè,
bwendèndà bwà mulùma bùdi kàbìdì bùbwela mu
mulongo wà bìdì mwà kushipeeshisha dibàkà.

### 4.3.3. Bwendèndà bwà mulùma

Pàdì bwendèndà bwà mukàjì bùnyanga dimiinu, bùfila
mbìipishilu mu dibàkà, bwendèndà bwà mulùma
kabwèna bùlubuluja dimiinu to. Mu nsòmbelu mulenga
wa bankambwà, mukàjì ùvwa nè bukenji bwà kulòmba
nè dibàkà dìfwa pàdì mulùma mutungu, pàdì mulùma nè

66

cinyangu, ùtuuta, ùpwekesha mukàjì milongo mu bantu, kàyi ùmudìisha, kàyi ùmuvwàdika, kàyi ùneemeka baledi bèndè. Nànsha mùdìbo kabàyi bàtèèla bwendèndà apa, baledi bàà mulùma kabàvwa bàsànka pàvwàbo bùmvwa luumu lwà sè, mwanààbò mmulekèla lubànzà, mutwà ditùnga mu mutù to. Pa kutàngila bilenga, nsòmbelu wa budìmù bwà bankambwà muswà kulama muji wà bâna bàà taatù umwe. Kàdi, ànu bôbo budìmù bwà bankambwà ebu kabwèna mwà kuswa sè, bâna aba bàfwa, dimiinu dìbutukà to. Nènku, leelù udi bantu bônso bamanyà bajaadìka sè, bwendèndà bwà mulùma, nànsha bôbo bwà misunsa yà dîba mikesè, bùdi mwà kushipa dimiinu edi bu mùdì bwendèndà bwà mukàjì mwà kudìnyanga, bìdi byùmvwika sè, mukàjì ùdi nè bukenji bwà kulòmba dishipa dyà dibàkà pàdì mulùma mwikàla mwena bwendènda.

Ku balubà pa kale, bwà kwepela dilela dyà bâna bapìta kulamakana, pashìisha, nè bwà mukàjì kukòwolwela dicyungà dyà mwàna mupyamùpyà, bantu bàvwa bàlama cijila cikondo cìvwà mukàjì mu buvyèlè. Mulùma kàvwa ùsangila nè mukàjèndè dîba dyônsò dìvwàye wàmusha mwâna. Dîba edi, mulùma ùvwa mwà kupàtuka, kumòna mûnga mukàjì. Kàdi nànsha byôbi nànku, ùvwa ùlonda mikenji. Pàvwà mukàjì ùlela, mulùma ùvwa ùpèèsha mukàjèndè nzòòlu bwà mwàna mupyamùpyà wâledìibu (nzòòlu wa mukààyà). Kààlumbandì aka kàvwa kàleeja ntwàdijilu wa cijila cìvwà cìnènga too, nè pàvwà mwâna wàmbula dikàsà anyì ùlwisha mwà kwakula. Bangabanga nè kupinganayè kùdì mukàjèndè, mulùma ùvwa ùfila kàbìdì nzòòlo mwibîdi bwà kukàndulula nendè cijila.

Patùdì tutàngila ngenzelu ewu mu bwena leelù, tudi tumòna sè, difilà dyà kààlumbadì aka cìvwa mmùshindù ùvwà mulùma ùmanyisha mukàjèndè nè cijila cyǎjikì. Maalu àdi àpingana mu bulongàme, nsòmbelu ùpingana mùvwàyi kumpàla. Leelù Ngenzelu ewu kàcyènakù. Mulùma ùdi mwà kuya mu ditùnga ciyààyààyà, kushintulula bakàjì mùdìyi muswà, mukàjèndè kumbèlu kàyi mwà kumanyà. Ngenzelu wa beena kale uvwabò bàpèèsha mukàjàjì nzòòlo wa kukàndulula nendè cijila, ùvwa mwà kwikala mupàndìsha bakàjì bavulè bàdì bafwà SIDA bwà bwendèndà bwà mulùma. Ngenzelu ewu ùvwa mwà kubàtàbuluja bwà kwepelabò dibàtampakajila dyà dìsaamà. Dîba edi, bwendèndà bwà mulùma bùdi pààbò mwà kushipa ne kubùtula dimiinu, kulàndakaja lubànzà lujimà kakùyi bilèlà. Ki bwalu kaayì bwendènda bùdi bùbwela mu mibì ìdì mukàjì nè bukenji bwà kulòmbela dishipa dyà dibàka.

### 4.3.4. Bwîmvi

Baledi bàdi bàjinga bwà sè, mwanààbò àbwelà mu dibàkà nè muntu wa nsongu, muntu wa biikadilu bilenga. Dijinga edi dìdi kùdì baledi bàà nseka yônso. Bàà mulùma bàdi bàtàngila bwà kumanya mukàjì ni kêna mwena dishima nè mwena byanza bile. Bwalu «*mwena dishima mmwena mucìma*». Bàà mukàjì pààbò bàdi bàtàngila bwà kumanya nè mulùma kêna mwena mucìma nè mbwenzàvì. Ki bwalu kaayì, baledi bàvwa bàjinga bwà sè, mwanààbò àsediibwà anyì àselà mu dîkù dìdìbo bamanyà bîmpà bwà kàyi kubwelakana.

## 4.3.5. Dipeepeja bakù

Kapeejà kàà kupeepeja baledi bàà mukàjì, kupendangana nè mukàjì ku bilàmbà, mbilèma binènè bìdì mwà kufikisha ku dishipa dyà dibàkà. Ìmwè yà ku mibelu ìdìbo bàbela naayì babàka nkaneemu kàà bakù nè kààbò bôbo biinè munkacì mwàbò. Dipanga kaneemu kùdì baledi nè beena dîku cìdi cìmwè cyà ku bilèmà bìdì mwà kushipeesha dibàkà.

## 4.3.6. Kadyombò kàà kudyombola beena dîkù nè balundà

Mukàjì udi nè kadyombò kùdì beenyi bàdì bàbàtancila, ùfwìsha bàyendè bundù pa kwakidila bibì beena dîku nè balundà bèndè, kàyi ùtèèleja mibelu pa mwandà ewu, ùdi mwà kufikisha mulùma kudishipa dyà dibàkà dyàbò. Mulùma mmunânga mukàjì wa mwoyi wà kaloolo nè musàngeelu, mukàjì mwakididi wa bantu. Bìdi byà mwomùmwè pàdì mulùma ùleeja kapeejà kùdì beena kù baa mukàjì. Kaloolo nè musàngeelu, mukàjì mmutèkèmèna pèndè sè, mulùma àkàlêja kùdì bèndè balelà. Kupanga kwà nsòmbelu wa milòwo kùdi kùfikisha ku ditùùkakana.

## 4.3.7. Cinyangu nè bwenzàvì

Cinyangu cyà kutuuta mukàjì, kumupenda, kumufwìsha bundù munkacì mwà bantu bìdi nsòmbelu wa kanyawù. Mukàjì ùdi nè bukenji bwà kushìya mulùma wa cinyangu. Baledi bàà mukàjì, bàdi kàbìdì nè bukenji bwà kukongola mwanààbò. Dîba edi mulùma kêna mwà kubinga to. Dibàkà dyèndè dìdi dìfwà bwà byenzedi byèndè bibì.

Bìdi byà mwomùmwè nè mukàjì wa mwoyi mubì udi ukèngesha bàyendè, ùmukisa mwinshìmwinshì. Beena dîkù dyèndè bàdi pààbò nè bukenji bwà kumwangishisha mukàjì wa nsòmbelu mubì nè mulùma.

Bwenzàvì bwà mulùma bùdi kàbìdì bùfila mbììpishilu udi ufikisha ku dishipeeshisha dyà dibàkà. Mulùma udi kàyi nè kaneemu, wàngata baa bukondà bwèndè nànsha nsongàkàjì yà mu dîkù ìdì mulongo wà bânà bàà mukàjèndè bu mùdì bânà bàà yàyêndè anyì bàà tùùtwêndè wa mukàjì anyì bânà bààbò biinà balela ùshààla naabò ùdi ùbunda bibawu. Ngenzelu wa nènku ùdi ushipeeshisha dibàkà.


## 4.4. Mìshindù yà dibàkà

### 4.4.1. Dibàkà dyà kabandù

Dibàkà dyà kabandù ndibàkà dyà mbedyambèdì pàdì « mukàjì kàyi mumanyà balùma »[17]. Pàdì mulùma ùsèla mukàjì wa byûma musangu wèndè wà kumpàla, ùdi wàmba nè, ewu mmukàjàànyì wa kabandù. Mbyà mwomùmwè nànsha pàdì nsongàlùmè ùcìpàtukilakù mu nzùbu mwà baledi bèndè, ùsèla. Kàdi bàdi bàpìta kwangata mwakù ewu ànu bwà mukàjì.

---

[17] Kalend'a Mwamba idem, p. 56

### 4.4.2. Dibàkà diibîdi

Pàdì muntu ùsèla anyì ùsèdiibwa cyà kàbìdì kunyimà kwà dishipa dyà dibàkà dyà kumpàla, ùdi ùbwela mu dibàkà diibîdi. Nènku, pàdì dibàkà dimanà kufwà, bapingàja byûma, mukàjì ùdi nè bukenji bwà kusèdiibwa cyà kàbìdì. Mulùma udi umusèla ùdi ùfìla byûma bu mùdìbyo nè cyà kwenzeka. Kàdi byûma kabyèna mwà kupàtuka cipàtùkàpàtùkà anyì kubwela cibwelàbwèlà, kwambakana pa bikwàbò to.

### 4.4.3. Dibàkà dyà bumpyànyì:

Pàdì muntu ùsèla mukàj'a mwanàbò udi mufwà, ùdi ùpyàna mukàjì ewu. Kiipàcìlà kàà bumpyànyì kàvwa pàbìdì :

- **Dicyùngà dyà bânà bàà nshìyà** : Mu biibidilu byà balubà, pàvwà muntu ùfwa, bujitu bwà bâna bùvwa bùshààla pa makaaya àà mwanàbò wa balùma. Kiipàcìlà kàvwa kàà sè, bânà bàà nshìyà kabàshààdi nè cisà cyà lufù lwà tatwăbò, bàkolà mu dîku nè bâna bààbò bakwàbò bàtungunukà nè dinàya naabò bu paciibidilu. Nsòmbelu wabò àtungunukà bu pakale, bàkolà kàbìdì mu dibòkù dyà tatwăbò mwakùnyì uvwabò bàmòna pàvwà tatwăbò nè mwoyi.

- **Dicyùngà dyà mukàjì mukàmba**: Kiipàcìlà kiibîdi kàvwa mbwà kucyùnga mukàjì udi mushààla mukàmba. Pa kale, bilondèshìla nsòmbelu wa cikondo aci, lungènyì lùvwà lufikìsha bantu kubumpyànyì lùvwa lùmvwika nènku: Mukàjì ùvwa ùsèdiibwa nè bwâna bônso. Ùvwa mwà kushààla mukàmba nè mvùla makùmi àbìdì nè byà mu njila, anyì makùmi àsàtù. Bu mùvwà muntu kàyi mwà kusèla mu dîkù dyàbò, ùvwa ùya mutancì mule mu musòkò mukwàbò anyì mu dînga ditùnga bwà kusèla mukàjì. Lwendu elu lùvwa mwà kwangata matùku àsàtù anyì lumingu lwinà mu njila.

Pàvwà mukàjì ùfika mù baa bàyendè, ùvwà wàsa pèndè miji, wènza mwena dîku. Ùvwa mwà kupingana kwàbò ànu pàvwàku bwalu bunène, nangànangà bwà kujiika baledi bèndè. Nènku, mù baa bàyendè ki mùvwà mùshààla kèndè kaaba kàà kashidi. Mwômu emu ki mùvwàyi nè yèndè midimu yônso nè bèndè balundà nè bamanyangana naabò.

Pàvwà mulùma ùfwa kunyimà kwà bidimu, bìvwa bìkolela mukàjì bwà kupinganayì kùdì baledi bèndè. Misangu mikwàbò baledi biinà bàkaavwa bafwà, bânà bààbò bàà bakàjì bônso nè nsongàkàjì yà mulongo wèndè bayà ku ààbò mabàkà. Dîba edi, mukàjì ùvwa ùjinga bwà kushààla kukoleshila bâna bèndè mwaba ùkaavwàyi mwibìdìla naawù nè wànyisha bwà kupyànyiibwa kùdì bàyendàciinà. Kàdi kabàvwa bàpyàna mukàjì ku makolela to. Mukàjì mwinà ki uvwa udìsungwila mulùma wa kumupyàna. Bulongolodi ebu bùvwa bwàkanangana nè cikondo cìvwà bantu bônso bàsòmba ànu mwaba ùmwè mu musòkò ùmwè, bàlelangana, bàdyundisha musòkò anyì bààsa musòkò mupyamùpyà.

Leelù udi bantu batangàlàkàngàna buloba bujimà, cilèlà eci kacyèna cìpeta kaaba to. Mukàjì mukàmba ùdi mwà kukùba bâna bèndè mwaba ônsò ùdìyi musòmbèla, kubàlama bilenga bwà bàkolelà mwaba wàbò wà ciibidilu ùkaavwàbo biibìdìla nè tatwăbò, bììkalà bànàya nè balundà bààbò. Pashììsha, kwomekela mwanààbò nè mulùma bujitu bônso, kwambikila pa bwèndè bùdìyi naabò pàdì mamwĕndè wa bâna muciikàla nè makàndà, kabyèna bìkùmbanangana nècikondo citudì leelù eci to. Mwanààbò nè mulùma yêye nè mùshindù ùdi ànu mwà kwambulwisha bânà bàà mwanààbò udi mufwà kabìyi bìkèngela nè àpyanà mamwĕndè wa bâna to.

### 4.4.4. Dibàkà dyà bakàjì cipangu

Kwela cipangu nkusèla bakàjì bààbûngi. Kiipàcìlà kàvwa nangànangà lulelu. Bilondèshìla mwènenu wa myandà yà bukwăpànu ku balubà, muntu yônso mmufùka bwà kushìya cyèndè cimfwànyì pa buloba. Dyàkabì dinèna nkufwà kùyi mulela. Mwènenu ewu ke uvwa mufikìsha bankambwà bèètù bwà kwanyisha dyela dyà mpangu. Nènku, muntu ùvwa mwà kusèla bàbìdì, kàdi pàvwàyi ùpàngidika bwà kusèla mukàjì mwibîdi, ùvwa ùswìka nè dyanyisha dyà mukalenga mwadì. Pashììsha ùvwa ùfìdila mukàjì ewu byûma.

Kàdi cilèlù eci, nànsha mùvwàci cyanyìshììbwa, bantu bônso kabàvwa bàsèla bèèla mpangu to. Pa kale, ànu nangànangà bamfùmù bàà matùnga nè beena byûma ki bàvwa bèèla mpangu. Budìmù bwà bankambwà bùvwa bùsòpwesha bantu pa mwandà ewu. Beena kale kabàvwa bazànjìka cilèlù eci to. Bàvwa bàleeja nè, disèlà dyà bakàjì cipangu ndidìkèbela lufù lwà lùkàsà : « Sèla bàbìdì, ùfwa lùkàsà ». Mu mifùndù yà beena kale mipàtula kùdì J. Mbuyi tudi tubala: « Bakàjì bàà cipangu mmàkònda madìtèya » p. 78. Lubàkà... « kêna nè *diikisha mu mwoyi wèndè to* (…) *Kubwela mu njila wa bakàjì bavulè nkudìfila mu mênù àà nyama wa lonji*» p. 96 (…) *Mwedi wa menji kàdìbwejì mu makèngà à bakàjì bavulè* p. 98. *Kubàka bakàjì bavulè* (…) *bìvwa ànu byà dikènga dilelèlà, èmùdìbyo nè mpindyewu* » p. 99.

Beena kale bàvwà bèèla mpangu bàvwa bàyèèla pàvwàbi bìkèngediibwa. Dîba edi, mulùma ùvwa mwà kusèla mukàjì mwibîdi pàvwa wa kumpàla kàyi ùlela, pàvwàku bufwàfwà bwà bâna bàà kudibèèla mu nzùbu anyì pàvwà mulùma ùpyàna mukj'a mufwà. Nànsha nènku, dìsèla edi dìvwa dyènzeka mu bulongàme nè kaneemu. Mulùma ùvwa nè cyà kulonda mêyi nè mikàndu mifùndila bàdì nè mpangu. Dibènga kubìneemeka dìvwa dìfila nsòmbelu wa kanyawù mu nzùbu nè dìfikisha bàmwè bakàjì kudimwangala nè ku dishipa dibàkà.

Dyela dyà mpangu edi dìvwa kàbìdì dyàkanangana ne nsòmbelu wa cikondo aci, nè mwaba ùvwà bantu basòmbèla. Leelù, baamùngùngà bàdi bàmbulwisha bikolè bakàjì bàdì kabàyi bàlela. Ditanta dyà ngondopelu wa bantu ndikèèpèsha bufwàfwà bwà bâna bàà ku dibèèla. Butanci bwà matùnga, mêyi nè mikàndù yà beena mudimu, dyunzulula dyà tùlaasà twà bânà bàà bakàjì, byônso ebi mbifikìsha bakàjì bakàmbà bààbûngi ku didìkolela nè dikòòkesha didìisha nè dikolesha dyà bâna bààbò. Pakutàngila, kakwèna cìdì cìkàndika mwanàabò nè mufwà bwà kwambulwisha nshìyà eyi mwaba ùdìyi misòmbèla nè mamwăbò to.

## 4.5. Dibangilangana

### 4.5.1. Bangabanga nè kubangila mukàjì

Pa kale, baledi, bangabanga nè kupèèsha mwanààbò wa balùma njila nè àselà mukàjì, bàvwa bìndila bwà nsongàlùmà ănjì kuleeja nè, wăolù pèndè, ùkaadi mukùmbànyìna kusèla pa kwikala nè bwèndè budimi, kwasa wendè nzùbu, kwikalà nè wèndè musandu. Mmùmwè nè, kwikala nè mudimu musungùlùkà ùdìyi ùkwàta: bu mùdì buucidimà, bungèndà, bunsenda, bulòbi anyì buucilembi. Dîba edi, baledi bàvwa bàmòna nè, mwànààbò wăkolù, ùdi mpindyewu mwà kudììsha mukàjì, kumupèèsha kèndè kaabà, kumulama bilenga mu dibàkà. Ki kutwàdijabò disumpakana bwà kumusèlela mukàjì. Eci kicìvwà cyènzeka pa kala mu misòkò yà balubà.

Nànsha leelù, baledi bàdi bàtàta nè mwanààbò wa balùma anu bwà sè, ììkalà muntu mukàzàmùke, àlongà tùlaasà nîntwà mukàndà nîntwà midimu yà byanza àjikijà, cìkòlà àleejà nè, nkalùmà kàà mukàbà pa kupeta mudimu musungùlùkè wàkwenza nè nzùbu wa kulààla. Dîba edi, baledi bàdi bàsànka, bàmòna nè, mwâna wăkolù, byăkèngedi nè, àselà wendè mukàjì bwà kwasa lwèndè lubànzà.

*Ku nsòmbelu wa bankambwà, dibàkà ke cintu cìdì cishààla katakata nè leelù nangànangà bwà bìdì bìtàngila kiipàcìlà kààdì : dineemeka dyà difìlà dyà byûma nè mulàmbù wà mushika. Bitwàdìja ku disungula dyà mukàjì nè ku difìlà dyà byûma, maalu àbûngi àcìdì àlondangana ànu bu pakala. Dishìilangana dìdi mwà kumwèneka mu ngenzelu nè nkùmbajilu wa ìmwè mikìiyà ìdì pààyì yènda ìshintuluka bilondèshìla nsòmbelu yà bantu mu bimenga binène. Pashìisha, bu mùdì mikìiyà yônso bantu bàyàmbilangana ànu mukana, bavulè bàdi bènda bàyìpwa mwoyi anyì bàyìlekela bwà dipanga. Àpo tudi mwà kwamba sè, dishintuluka edi dìdi dyà pamutùpamutù, bwalu cyena bwalu ncishààla. Tudi tufìla apa dilondangana dyà myandà bu mùdìdi dyènzeka mu mêku aa bûngì àà balubà bàdì bashààla bàneemeka ngenzelu wa bankambwà mu disèlesha dyà bâna. Netwìpacilà mwà kufìla dyumvwija dyà mushinga wà mikìiyà yà dipàtula naayì mwâna mu nzùbu nè dimubanjija. Netùleeja bìdì bishintùlùka, bìdì byumusha nè bìdì bisàkidila ànu pàdìbyo bìya lwìdì lùmwè nè ngenzelu wa bwena kwètu.*

## 4.5.2. Disungula dyà mukàjì

Ku Balubà, beena dîku dìmwè kabèèna mwà kusèlangana munkacì mwàbò to. Bìdi bìkèngela nè, mulùma àya kusèla mu dîku dikwàbò. Pàdì baledi bàmòna nè, mwanààbò wăkolù, wăkùmbanyi mwà kusèla mukàjì, kukòòkesha bujitu bwà lubànzà lwèndè, bàdi bàmutàpila dîyi, bàmuleeja nè, biwààswà kubangila mushikankùnda, ùtabaleelà mu dîku kampànda anyì dîku kansanga. (eci ke cìvwà cìpìta kwenzeka pa kale). Kàdi nsongàlùmà ùvwa nè ùdi mwà kubangila nkàyendè mukàjì udiyì mudìmwèna nè udi umusànkisha, cìkòlà àmanyishà baledi bèndè mwandà ewu bwà kwambabò pààbò dyàbò dîyi. Ebi bìdi bìleeja nè, dibàkà kadyèna ànu mwandà wà mulùma nè mukàjì to. Dibàkà mbwàlu bunènè, bùdi bùtàngila dîku dijimà.

Ku luseka lwà mulùma nè ku luseka lwà mukàjì, beena
dîku bàdi bàkèba mwinshìmwinshì bwà kumanya nè,
mwanààbò anyì mulelà wabò ùdi ùya kapòna penyì bwà
kwepela nè, kàyi kusèlela pa malelà anyì kubwela mu
dîku dyà bantu babì. Baledi bàà mukàjì bàdi bàlondesha
bwà kumanya nè, nsongàlùmà kìikadi mwena lulèngù,
mulaafuluki, mwena busòmbàvì anyì kìikadi mufùma mu
dîkù dyà beena mucìma, dyà beena bwenzàvì anyì beena
cinyangu. Baledi bàà nsongàlùmà pààbò bàdi bàtàngila
nsòmbelu wa nsongàkàjì nè biibidilu byà baa yàyêndè.
Bàdi bàcìina bikolà bwà mwanààbò kusèlelayì mu dîku
dìdì baayàyêndè wa mukàjì badìsòmbèla. Ki bwalu kààyì,
mwan'à butà ùdi nè bukenji bwà kuleeja cileejelu cîmpà
kùdì baakùnyì bèndè nè kubùnzulwila njila.

## 4.5.3. Didìleeja dyà mulùma kùdì baledi

Pàdì nsongàlùmà mumanà kusungula mushika-nkùndà
wà kusèla, ùdi ùlòmba nsongàkàjì bwà àmufikìshà kùdì
baledi bèndè. Nsongàkàjì mwinà ùdi mwà kumwambila
pèndè nè, paùdì nè dijinga dyà kunsèla, bwà kuleeja nè
kîmapìkù to, ùya kudìleeja kùdì baledi bàànyì. Nènku,
nsongàlùmà ùdi ùya kumwèneka nè mukùlwèndè nànsha
nè mulundà. Pàdì baledi bàà mukàjì biitàba, mulùma ùdi
mwà kufìla kantu kàdìyi naakù ku byanza bwà kubangila
mukàjì nè kuleeja nè, ùdi ùjinga bulelèlà bwà kusèla. Ki
byûmà byà mashìmù. Ebi kabyèna byènzeka misangu
yônso to.

Kàdi nànsha nànku, baledi bàà nsongàkàjì bàdi bàjinga

ànu bwà sè, nsongàlùmà ănjì àvwa kudìleeja nè baledi bèndè nànsha nè muntu mukùlumpà wa mu dîku bwà kujaadika sè, mmuswà kusèla bulelèlà. Bwalu, baledi bôbo badìjuukìla bamatà mu njila bwà kudìleeja ku bukù bwà mwanààbò, baledi bàà mukàjì bàdi bàmòna sè, mwandà ewu mmulelèlà. Nènku, bàdi bàmbila nsongàlùmà cìdìyi nè bwà kwenza pàdìyi muswà kusèla nsongàkàjì ewu. Kabèèna bàmupà « listà » wa bintu byà kufìlayì anyì bàmufùndila « facture » to, bwalu, disèlesha dyà mushika kîmmushinga bèndela pa mbidi pàà mwâna to. Baledi bàdi bàshààla kubela mushika wàbò bwà àsombà mudìpòpa too nèmwàvwà bakù kudìleeja. Munkacì mwà matùku a'a, nsongàlùmà ùdi nè dyanyisha dyà kwikala kuvwa kusòmbesha mubangila wendè.

(*Pa kala, mulùma yêye mufìla byûmà byà mashìmù, baledi bàvwa mwà kumupèèsha nsongàkàjì bwà kuya kumòna pambèlu. Leelù, ebi kabìcyèna byènzeka nangànanga mu bimenga binène*).

### 4.5.4. Dyakidila dyà bukù

Kunyimà kwà dimònangana nè baledi bàà nsongàkàjì, nsongàlùmà ùdi ùya kumanyisha baledi bèndè bwà kudìlongololabò bwà kuya kumufìla ku bukù. Pàdì beena dîku dyà mulùma bamanà kudìkùmbaja, bàdì bàjinga mwà kumònangana nè tatwěndè wa nsongàkàjì bwà kujaadika nè, mwanààbò kêna wèla bilèlà to. Bàdi bàtùma mukenji bwà kumanyisha difika dyàbò. Bangabanga nè kuya, mu njila mùdi cyàbò cibanjì, baledi bàà mulùma, bakùlù bèndè, nànsha tatwěndàmukàjì. Bantu kabèèna mwà kwikala bapìtàpìta bûngi to.

Pàdìbo bàpeta mukenji, baledi bàà mukàjì bàdi bàdìlongolola ku lwàbò luseka bwà kwakidila beenyi bààbò, *kubàbweja mu nzùbu wa bukù*. Bàdi bàmanyisha beena dîku nè bàsumpakana bwà kusùmba byà didyà. Bàdi bàlàmba nzòòlù yà cìlwàbeenyi bilondèshìla bûngi bwà bantu bàdì bàvwa. Bàdi mwà kusàkidila bînga byàkudyà nànsha bûngi kaayì, kàdi nzòòlu eyi kayèèna nè cyà kupangika mu bukù to. Pàdì bakù bàfika, bàdi bàsangana baledi bàà mukàjì, bâna bààbò, cibanjì nè mudì wa byûma, (pììkalàyi pabwîpi), bindìla.

Byûma bàdi bàbìfìla kumpàla kwà bantu kasùmbu kakesè. Beena dîku bakwàbò nè balundà bàdì mwà kwikala bafikà pààbò bàdi bìndila pambèlu anyì ku luseka mu cînga cibambalu. Leelù, bàdì baswà kwenza cibìlu cinène bàdi mwà kufucila kaaba kàà kwakidila balundà. Nènku, bantu bônso bàdi mwà kuya kwindila mwaba ewu.

## 4.6. *Muyuukì wà dibàkà nè dilondangana dyà myandà*

### 4.6.1. Muyuukì

Bakù bàdi bàfika ku mêbà àà dilòòlò dîbà pa « *kajimbaabwenyi* ». Diba edi ki dìvwà myandà mishìndàma ìpìtakana kakùyi dibùùshila mwâna nyuunyi bu mukaadìbo bàbyènza leelù kùdì bàmwè bàà kutùdì. Baledi bàà mukàjì bàdi bààkidila beenyi mu cisòmbelu kunzùbu kwà tatwěndè wa mukàjì. (Pa kale bàvwa bàsòmbela mu bulà). Bàdi bàsòmbesha bakù lwàbò luseka beena nzùbu lwàbò, batàngìlàngàna. Cibanjì cyà ku luseka lwà mukàjì ùdi wèla beenyi mwoyi, bilondèshèla mùdì ciibidilu cyàbò, muyuukì ùmba ùtwàdija.

T1.[18] –

T1.     Bakalenga mwoyi wènù! anyì: - kolààyi,- anyìshaayi, - badyànò > êyò, - sangààyi wâbò > wâbò.

T1.     Bunùdì bendèla mbunganyì ?

T2     Tudi bavwà bwà kulediibwa mu nzùbù mwènù.

T1.     Anjì dìtèèjaayi Muntu yônso ùdi ùdìtèèja mu dîna, ùtèèja kwàbò nè kù baamawĕndè. Beena kù baamukàjì bàdi pààbò bàdìtèèja. Ebi ki bwà kwepela nè beena muntu kabàvu kusangisha mashi pakusèlangana.

T1     Nnganyì unùdì bendèla ?

T2.     Tudi bavwîla In'a bànzà …X

T1.     Mukù wetù mwinà wĕpì ?

T2     Mukù wenù nnyêyeewù

T1.     Mukalenga, dyèbè nnganyì ?

ML.     Dyànyì ndi …Y…

T1.     Mbunganyì buùdì mwendàla ? Bămbìle nè : « kabàyâ kwinyikila kamàmà mwâna », udi muvwà kukèba cinyì?
(Mulùma ùdi wàkulakù pèndè, nànsha mwambùlùla mêyi àà cibanjì. Eci mbwà sè, dînga difùku, kàvu kulàbakana, kwamba mukàjì nè, patùvwidìlà kufîla byûma kwènù, ùvwa mûmvwa dîyi dyànyì anyì?)

---

18 T1, T2. = cibanjì cyà mukàjì
T2 = cibanjì cyà mulùma, ML = mulùma, ML = mukàjì

ML.     Ndi muswà bwà kulediibwa mu nzùbù mwènù.
(Myakù eyi ìdi ìleeja nè, nsongàlùmà ùdi nè dijinga dyà kumbuka mu lukòngù lwà bujikà, kubwela mu lukòngu lwà bantu bakolè. Eci ke kulediibwa cyà kàbìdì. Mu dîku dyà bakù bèndè ùdi mulongu wà bâna. Mêyi a'a ke dilòmba dyà baledi dyanyisha bwà kusèlayì mushika wàbò)

T1.     Uùdì ujinga mwà kusèla nnganyì?

ML.     Ndi muvwîla In'abànzà ...Y...

T1.     Ambìlààyi In'abànzà awu àvwilà apa tùmonà.
(Mamwěndè wa nsongàkàjì ùdi ùbììkila mwanèndè. Awu ùdi ùfika, wìmana kuulu)

T1.     Udi mumanyà bantu aba anyì ?

MK.     èyowà

T1.     Mbanganyì ?

MK.     Mbaa ..., Y... nngudi mungêla dîyi bwà kunsèla

T1     (ùdi ùtàngila nsongàlùmà, ùmwebeja):
- Nyêye anyì mmukwàbò?

ML.     Nyêye

T1.     (ùdi wàmbila mushikankùnda, nè: Sòmbaaku. Udi ùsòmba pàmwè nè mamwěndè)

T1.     (ùdi ùkùdimuka kùdì cibanjì nèndè, ùmwebeja mùdìbo bênda):

## 4.6.2. Dipàtula dyà byûma

T1.  Nudi bênda bìshi?

T2.  (cibanjì ùdi ùpàtula dibùkì dyà lupetu, ùtèèka panshì).
**(Tudi tusàkidila lungènyi, bwà sè, mbîmpà kutèèka dibùkì dyà byûma pa didìba dyà ku Kàsaayì anyì pa lwânda luluka nè nkodì...)**

T2.  Cibanjì  ùdi  ùtàngila  kùdì  nsongàlùmà, ùmwebeja:
- Udi muswà bwà tùfila byûma ebi bulelèlà anyì?
(Lukonku elu mbwà kujaadika nè nsongàlùmà mmunânga  nsongàkàjì  ewu  anyì  peeshì mbamukànyìkayì)

ML.  èèyowà, ndi muswà.

T2.  Byûma bîndì mpàtula leelù bwà dibàkà dyèbè edi, bìpatukilàmu. Pawìikalà kùyi munânga ambà dîba dìcìdikù.

ML.  Cyêna nè cyàkusàkidila to.

T2.  (cibanjì ùdi ùnzulula dibùkì, ùbala byûma nè dîyi dyumvwìka kàyi wèla mbìlà, ùpèèsha cibanjì cyà luseka lwà mukàjì. Ewu ùdi ùbala pèndè byûma bônso batèèlèja, ùpingaja dibùkì panshì. Bàdi bàngata cyônsò cìdì mukù muvwà naacì kabàyi bàkèèka. Cìkòlà bàvùlwija ànu bwà kuvwa kujikija bukù. Bânga baledi bàdi bàshìikidila ànu piinààpu).

### 4.6.3. Difila dyà bintu

T1.     Ngèèla menji, kanwèna bapwà bakù bèènù mwoyi to? (Cibanjì cyà mulùma ùdi ùpàtula bintu bìvwà bilòmba ku bukù).

T2.     Udi ùpàtula:
- Mbùji wa bakìshi (mpumbu wa mbùji).
- Mbùji wa dibèèla anyì wa mamwĕndè wa mwâna (wa dishìna).
- Mbùji wa nyimà (ewu kabèèna bàmufila ditùku dìmwè to).

**- Bintu byà tatwĕndè wa mukàjì :**
- mupanù,
- mutèèlu,
- kàzakù,
- kàlàvwandà,
- mukòlù wà bisàbaatà,
- cingoma cyà ntenda nànsha cintu cikwàbò cìdì mwà kushààla civùlukilu cyà mwâna mu lubànzà,

**Bìsòngà anyì bintu byà mamwĕndè wa mukàjì :**
Mpeesà yà bilàmbà ìbìdì anyì ìsàtù bilondèshèla mùdì baledi balòmba, cìtàmbalà nè mukòlù wà bisàbaatà. Mukù ùdi mwà kusàkidila cibuta cyà ku byanza, busàngà bwà mu nshìngù, tudibu twà ku macì bilondèshìla dyèndè dikòòkesha nè diswa dyèndè. (Ebi kàbìdì bìdi bilondèshìla mùdi baledi bàjinga).

Bintu byà mamwĕndè wa mukàjì ebi bàdi bàbìbììkila nè mbìsòngè[19], mbwena kwamba nè, mukù ùdi ùvùluka

---

[19] J. Mbuyi idem, p. 114

màmwenèndè bwalu yêye ke udi mwà kumusòngela dibàkà, kumubelela mukàjì, kumwakwila dyà bwalu bwà sè dibàkà kadìfu cyanàànà. Kakùyi bisòngà, dibàkà kadyèna mwà kubòta. Ki pàdìbo bàmba nè: *"dibàkà nyoko mwenu"*.

- Cibanjì ùdi ùleeja bintu ebi byônso, ùbìfila kùdì cibanjì cyà luseka lwà mukàjì.
Kabèèna bàsaasulula bìdì bifila bwà kubìkenketa to.
Kàdi byûma, nànsha kabìyi bifila byônso, dibàkà dìdikù, baledi bàdi bàngata bilondèshìla cyônsò cìdì mukù wabò muvwà naacì. Dîba edi, ki dìdìbo bàmwambila bûngì bwà bìdì bishààla. Pààyàyi kudìkùmbaja neàvwa kujikija bukù. Bàdi bàjikija nè myakù eyi : *bukù kabùtu bùjika*.

## 4.7. Cifìngù cyà dibàkà

### 4.7.1. Difìlà dyà lupetu

T1.   (Cibanjì cyà mukàjì ùdi ùbìikila nsongàkàjì. Ewu ùdi wìmana kuulu pàmwè nè nsongàlùmà. Pashìisha ùmwelulula lukonku):

T1.   Udi munânga muntu ewu anyì peeshì mbakuswìsha ?

MK.   Ndi munânga

T1.   (ùdi ùtàngila nsongàlùmà, ùmwebeja):
Udi munânga nsongàkàjì ewu anyì mbakuswìsha?

ML.   ndi mumunânga

T1.   (Ùdi ùkùdimuka kùdì nsongàkàjì wàmba):
- Pawìikalà munânga bulelèlà nsongàlùmà ewu

bwà kusòmba nendè mu dibàkà, nè pawìikalà
mujadìka sè, byûma ebi kabyàkupàtuka kàbìdì
mu nzùbu mwà tatwĕbè, angàtà dibùkì dyà
lupetu ku byanza byà mulùma ewu, ùdìfidìlà
nkàyeebà kùdì tatwĕbè. Pawìikalà mumanyà nè
kwêna munânga dibàkà edi, kùlengi byûma abi
to.

T1.   (Ùdi wàmbila nsongùlùmà mêyi àà mwomùmwè):
-   Pawìikalà munânga nsongàkàjì ewu, ambùlà
byûma binùdì bavwà naabì ùpeeshà nsongàkàjì.
Pawìikalà mumanyà nè kwêna munânga mukàjì,
kùbìfidi to.

Nsongàlùmà nè nsongàkàjì bàdi bàseemena pàmwè, ewu
wàmbula dikàsà ewu wàmbula. Nsongàlùmà mukwàta
dibùkì dyà lupetu mu byanza, ùdi ùdìpèèsha nsongàkàjì.
Ewu pèndè ùdi ùseemena kùdì tatwĕndè, bwà kufila
byûma.
Ùdi ùbìfìla nè kaneemu, ùtùnya cinù cyà balùma kakesè,
wòlwela tatwĕndè dibùkì dikwàta manza ônso àbìdì.
- Taatù ùdi wànyisha, wèla mwâna lupèmbà pashìisha,
ùtùma mwanèndè nè dibùkì kùdì mudì wa byûma
pàdìyikù anyì ùpa cibanjì bwà àlamà.
- Dîba edi, maamù ùdi wèla kankundulwila,
tunkundulwila twàngatangana kùdì bàdì pambèlu. Ki
diswìka dyà dibàkà diinà.

*Tudi tufìla lungènyi lwà sè, dîba edi, babàka bàdi mwà
kupèèshangana kààlumbandì. Mulùma ùdi wèla mukàjì
cikùpà ku dibòku, mukàjì pèndè wèla mulùma cikànu ku
dibòku, ùsòmba ku luseka lwèndè pa nkwasa wa nkodì
anyì mwadija didìba anyì cilàmbà cyenzela mu ditùnga
dyètù*

85

*Bilondèshìla diswa anyì ngenzelu wa mu dîku, bàdi mwà*
*kufìla kàbìdì byûma nsongàkàjì kàyi ùbìlenga. Dîba adi,*
*maalu ônso àdi ènzeka ànu munkacì mwà bibanjì bìbìdì.*

## 4.7.2. Didyà dyà dibàkà

### 4.7.2.1. Didììsha dyà bakù

Tatwĕndè wa mukàjì ùdi ùtèwiila bakù maalà, ùbàpèèsha
cyà kudyà cyà bwenyi. Bàdi bàlàmba nzòòlu wa
cìlwàbeenyi. Eci mbwà kuleeja nè, baledi bàà mukàjì
mbiitàba dibàkà. Byà kudyà ebi, bakù bàdi bàbìdya
nkàyaabò. Bìdì bìshààla, bàdi bàbàswìkila bwà bàya
naabì.

### 4.7.2.2. Didììsha dyà bantu bônso

Mukììyà ewu mumanà kujika, baledi bàà mukàjì bàdi
bàdììsha beena dîku nè bantu bàdì babììkìdììbwa.
Bàbûngi leelù bàdi bàlamisha kaaba kabaalùlùke bwà
kwakidila bàdì babììkìdììbwa, kubàdììsha nè kwenzela
bâna cibìlu.

Kunyimà kwà cibìlu, mulùma nè beena kwàbò bàdi
bàpingana kabàyi nè mukàjì. Baledi bàdi bànji kulama
mwanààbò bwà kujikija mikììyà yà dimupàtula naayì mu
nzùbu nè kumupàya pa kumulongolwela byà
kumubanjijabò naabì. Dîba edi, pììkalà mulùma kàyi
mujikìja byûma, ùdi mwà kubìkèba cikondo eci,
kubìkùmbaja bwà kuvwa « kumana bukù » nè kulonda
mukàjèndè. Pàdìyi ùvwa kujikija bukù, baledi bàà mukàjì

bàdi bàmupèèsha « *mbùji wa nsèlàngànyì* » Difila dyà bintu byônso ebi dìdi dìsangisha mêkù a'a àbìdì, dìsangisha bààmwoyi nè bafwà, dìshingwila dibàkà.

## 4.8. Dipàtula mwâna mu nzùbu wa baledi

Balùma bamanà kuya, baledi bàà nsongàkàjì bàdi bàshàala kudìlongolola bwà kupàtula mwanààbò mu nzùbu nè kujikija ìmwà mikììyà bangabanga nè kuya kumufìla mù baa bàyendè. Maamù ùdi ùmanyisha bânà bààbò, balundà, balelà nè beena dîku bônso mwandà ewu. Muntu yônso ùdi ùfila bintu byà kupàyabò naabì nsongàkàjì. Mulelà yônso ùdi ùfila kèndè kàdìyi naakù. Bàdi bàfìla màkùtà, ngeesu, màlòngò, makula, màfutà, mukèlà, nzòòlo. Bintu byônso ebi bìdi byànji kulààla mu nzùbu mwà baledi bàà nsongàkàjì.

(*Leelù, baledi bàbûngi bàdi bàlòmba balundà bwà bèèlelà bâna màkùtà a kubanzabò naawù bwà bàdìsùmbìlà bìdìbo naabì dijinga. Bânga bàdi bàlòmba bâna bwà bàleejà majinga ààbò nè nzùbu wa cisalu, mùdì balundà mwà kuya kusungulà cìdìbo mwà kukòòkesha bwà kubàpèèsha bu kààlumbandì*).

### 4.8.1. Dyela dyà mwâna lupèmbà kùdì taatù

Difùkù dyà lwendu, taatù ùdi ùbììkila mwanèndè mu cisòmbelu:
- ùdi ùmulaaba lupèmbà lutòòka, mu mpàla (bwà kumunzulula lungènyi ku myandà yà bukwă pànu), pa matàma peepì nè macì (bwà kumunzulula lumvu ) nè pa

maböko (bwà kumujingila ditanta).

- Mu mushìku wà mbèlu, ùdi wèla lupèmbà panshì ku cipàtukidi cyà nzùbu (bwà kujingila mushika wèndè lwendu lulenga, dyàkalenga, lulelu), wàmba :

« *Ndààku ànu bilenga, ùsombà byakàna mu dibàkà dyèbè, ùlelà balùma, ùlelà bakàjì, ùtwinyìkà* ». Pashìisha mwâna ùdi ùya kùdì baamamwĕndè bamwindìla bwà kumwenzelabò yàbò mishìngà yà dimupàtula naayì mu nzùbu.

## 4.8.2. Dipàtula dyà mwâna mu nzùbu wa baledi mamwĕndè

4.8.2.1. Nzòòlo wa mulekelelu

Maamù ùdi ùpa mwanèndè nzòòlo wâdyayì nè bâna bààbò bangabanga nè lwendu. Nzòòlu ewu bàdi bàmubìikila nè *nzòòlu wa cibwa*.

**Dyumvwija:**
- Mukììyà ewu ùdi ùleeja nè, dîba dìkaavwa dimanà kukùmbana dyà mwâna kushìya nzùbu wa baledi kuya kèndè kaaba.

## 4.8.2.2. Busàngà anyì minyanga

Maamù ùdi wèla mwanèndè busàngà anyì tupya twà minyanga mu nshìngù mpìtu ìbìdì ìcyàmakana mu cyâdi nè paanyimà, ìpìcila mwinshì mwà mabòko.

**Dyumvwija dìdi pàbìdì :**

**- Dikòsà dyà dila dyà munda**
Mwâna pàdìyi ùlediibwa ùdi mulamàta kùdi mamwèndè nè dila dyà munda. Minyanga anyì busàngà bùdìbo bàmwela ebu bùdi bùvùlwija dila dìvwà dilamìka mwâna kùdì mamwĕndè. Bùdi bùvùlwija kàbìdì nè, nsongàkàjì, dîba dyônsò dìcìvwàyi munzùbù mwà baledi ùvwa ànu mwâna. Mikììyà yônsò ìdì yènzeka leelù eyi mbwà kukòsa dila dyà munda, kuleeja ditùùkà dyà mûmfu nè kukòsesha mwâna dibèèla bwà àlamukà kùdì mamwĕndè, àlamatà bàyendè. Maamù pèndè ùdi ùmanya sè, mwâna wăkolù, àmulekèlà àya kwèndè.

**- Bwikadi bwèndè mu mêku àbìdì:**
Mpìtu ìbìdì ìdìbo bàmwela ìdi ìleeja nè, nsongàkàjì ùdi munkacì mwà mêku àbìdì àdìyi ùsangisha leelò. Ùdi ùbwela mu dîku dyà baabàyendè, kàpu mwoyi kùdìyi ùfùma.

## 4.8.2.3. Cifùndù cyà cijèngù

Maamù ùdi ùzòla cijèngù nè lupèmbà lutòòka panshì ku cipàtukidi cyà mu nzùbu. Nsongàkàjì ùdi wìmana mu cijèngù emu. Mamù nè mwanàabò wa bakàjì bàdi

89

bàkwàta nsongàkàjì wabò ku cyanza, bàmupàtula pambèlu.

*(Pa kala mu lubènjì ki mùvwàbo bàsòmbesha nsongàkàjì, mamwĕndè nè bânà bààbò bàmukòka too nè pambèlu. Bu mùdì mu bimenga binène kamùcìyi lubènji, tudi tufila lungènyì lwà cifùndù cyà cijèngù bu lubènji).*

**Dyumvwija dìdi pàbìdì:**

**Dipàtula dyà mwâna mu nzùbu**
- Cijèngù cìdi cìleeja kabùlùngù kàà buloba, dinyùnguluka dyàbù nè mukici wàbò mukòki, ùdì ùpingaja bintu bônso pa mwaba wàbì. Dibweja dyà mwâna mu cijèngù mbwà kumusukula nè kumuseesula ku makolà mabì ônsò àà bukwǎ pànu.

- Dipàtula dyà mu cijèngù dìdi dìleeja nè, mwâna ùdi ùpàtuka mu nzùbu wa baledi, kàkùyi cyà kupampakeena, bwalu ùdi museesula ku makolà mabì ônso.

- Dipàtula dyà mwâna pambèlu didi dìleja sè, maamù ùdi ùlekelela mwoyi, wìtaba bwà sè, mwâna àlamukà kùdìyi àya kwasa lwèndè lubànzà. Mwâna pèndè ùdi ùmanya sè, bwâna bwǎjikì, ùdi ùbwela mu lukòngù lwa bantu bakolè.

**4.8.2.4. Didyà dyà dilanyangana**

Bàdi bàlàmba byà didyà byà kulayangana naabì nè mwâna. Bônsò bàdì bavwà kulaya mwâna bàdi bàdya nshìmà yà ndekeelu, bàvwa kulaaba nsongàkàjì nkòtòòtù pambidi.

**Dyumvwija dìdi pàbìdì :**

- *Mukìiyà wa dilediibwa diibîdi :*

Mukìiyà ewu ùdi ùleeja mùdì mwâna ùmbuka ku bwâna wènza muntu mukolè. Manyaanù ônsò àdìbo bàmulaaba pambidi àdi àleeja bitocì bìvwàyi naabì pàcìvwàyi mukùji mu difù dyà mamwĕndè nè pàpàtùkìlàyi ku dilediibwa dyèndè. Ùdi ùleeja kàbìdì mâyì àmwowèshìlàbo bwà kumumbusha mu lukòngù lwà mukùji, kumubweja mu lukòngu lupyalùpyà lwà bwâna. Ùdi ùshààla mu lukòngo elu too nè mùdìyi ùfika ku bunsongàkàjì. Mukìiyà ùdi ùleeja nè, cìvwà mukùji munda mwà maamù, cipàtùka civwà mwâna, mwăcìsèdibù leelù, cyăledìibù ku bantu. Cìvwà mwâna cyĕnjì mukàjì. Nènku, leelù, nsongàkàjì ùdi ùlediibwa cyà kàbìdì ùmbuka mu lukòngù lwà bwâna bwà kubanga nsòmbelu mupyamùpyà pa kubwela mu lukòngù lwà buntu bukolè. Kibwalu kaayì, bàdi bàmulaaba nkòtòòtù bwà kumusukula, kumuvùùla bwâna, kumukezula mu nsòmbelu mupyamùpyà udiyì ùtwàdija ewu.

- *Dimusàka ku bukìtù :*

Mukìiyà ewu ùdi ùleeja nsongàkàjì nè, kùyaayàyi kakwàkwikala kutekèta dîba dyônso to. Nebàmusûyà, nebàmulâbà nkòtòòtù mibì mipìta bìdìbo bàmwenza leelù. Amanyà mwà kwakidila milenga nè mibì yônsò yàmuvwîlà. Kwambula nè lutùùlù maalu ônsò àpetàyi mu nsòmbelu mupyamùpyà ewu. Bujitu bwà dîku nebwìkalà pa makaaya èndè. Amanyà mwà kusùùlakaja maalu bwà kupeta dyandamuna dìdì dìkèngediibwa. Pashìisha, baamamwĕndè mukwàbò nè bakàjì bônsò bàà mu dîku bàdi bàmupà mibelu yà kumulaya naayì:

« *ki wêwe uyààyaawu, kùyi kupendeshisha mamwĕbè ku*

*dibàkà, kumupangishisha kaneemu. Kusòmba bîmpà nè bàyeebè, nè baabàyeebàciinà, kuneemeka bakù bèèbè. Kwikala mukàjì wa kaloolo, mwakididi wa bantu. Ùya byakàna, ùlelà balùma ùlelà bakàjì ùtwǐnyìkà »*

## 4.8.2.5. Didìkezula dyà ndekeelu bangabanga nè lwendu

Kunyimà kwà didyà, maamù ùdi wèla mwanèndè mâyi àà ndingundingu bwà kwowa byanza, pashììsha mwâna ùdi ùya mu cyowedi bwà kwowa mâyi mubidi mujimà. Dîbà dìdìyi wòwa mâyi edi, nsongàkàjì ùdi ùtùùla busànga anyì tupya twà minyanga tùvwà tumwela mu nshìngù.

**Mukìiyà ewu ùdi ùmvwija maalu pàbìdì :**

### - Ditùùkà dyà mûmfu

Ditùùkà dyà minyanga dìdi dìleeja nè, nànsha mùvwà dila dikòsa, mûmfu ùcìvwa ànu mubìshi dîba dyônsò dìvwà mwâna mu nzùbù mwà mamwěndè. Leelù, ditùùkà dyà minyanga dìdi dìleja ditùùkà dyà mûmfù wà mwâna. Nènku, leelù, bwâna bwǎjikì, nsongàkàjì wǎkolù, ùdi ùlamuka kùdì mamwěndè, bwà kubwela mulongàme mu bwikadi bupyabùpyà.

### - Dikòsesha dyà mwâna dibèèla

Dyowa dyà mâyi dìdi dìleeja divùùlà dyà bwâna bwà kuvwàla buntu bukolè. Maamù ùdi wèla mwanèndè mâyi àà ndingudingu ku byanza bu mùmwowèshìlàyi kudilediibwa dyèndè. Pashììsha ùmutùma bwà àya kujikija didyòwela. Ebi bìdi bìleeja nè: maamù ùdi ùkòsesha mwâna dibèèla, wòlola mwoyi, ùlekela mwanèndè bwà àdìkolèlà, àya kwasa dyèndè dîku, àlelà balùma, àlelà bakàjì, àmwinyìkà. Mwâna pèndè pakuya kudyòwela mâyi, ùdi ùleeja nè, wǎkòsu dyamwa dyà dibèèlà dyà mamwěndè, wǎvùùlu bwâna bônso, wǎkolù. Mpindyewu ùdi mwà kuya kudyènzela maalu èndè njila buludì nè bàyendè.

**Lwendu :**
Bamanà kujikija ndingudingu eyi, baledi bàdi bàpàya bisakà bwà kuya kufìla mwanààbò ku dibàkà. Mbapàya byônsò bìvwà beena dîku nè balundà bamusangìshìla, nè bìdì baledi bèndè bamusùmbìla. Bàdi bàya kufìla nsongàkàjì mu lubànzà lwà baledi bàà mulùma. Dîba edi, mamwěndè wa nsongàkàjì, bâna bààbò nè bakèènendè bàdi pààbò mu njila. Mabùkì mamana kuswìka, bàdi bààsa lwendu batàngìla mù baamulùma. Bâna bààbò nè mwena dibàkà bàdi bàtwa nsongàkàjì munyimà, baa mamwǎbò bàlonda.

## 4.8.3. Dyakidila dyà nsongàkàjì kù bàà mulùma

Pàdìbo bàfika ku lubànzà lwà baledi bàà mulùma, bàdi bìimana mu njila. Beena kù baamulùma bàkaadi pààbò badìlongòlòla, bafikà bwà kwakidila beenyi. Mamwěndè wa mulùma ùdi ùya kubààkidila ku njila nè nzòòlu wènda wèla kankundulwila. Udi ùtuuta mukàj'a mwanèndè « nzòòlu wa mwakanu » ku makàsà. Pàdì mamwěndè wa mulùma kàyipù, mukàjì wa tùùtwèndè wa mulùma ùdi ùkùmbaja mukìiyà ewu. Ngenzelu ewu ki dileeja dyà sè, beena dîku mbasànka bwà difika dyà mukàjì mupyamùpyà mu dîkù dyàbò. Bàdi bàmulòmba bwà àbwelà mu lubànzà. Bààkidila beenyi bônsò bàdi bavvwà, bàbàbweja pààbò mu lubànzà, bàbàtèèka kaaba kasungùlùke. Baledi bàà mulùma bàdi bàlongolola cyà kudyà cilenga, bènzela mwanààbò cibìlu nè bàdìpu abo. Bangabanga nè beenyi kupingana, mamwĕndè wa mulùma ùdi wèla màkùtà à ndingundingu bûngì bùdìyi pèndè mumòna mu dìlòngù dyônsò dìvwà nè bintu.

Mukàjì ùdi wànji kushààla mafùku mulongo kùdì màmwenèndè. Mu lubànzà emu, mukàjì ùdi ùkwàta midimu, ùlàmbila bàyendè nè beena dîku ànu kwà màmwenèndè. Ùdi ùmwambulwisha ku midimu mishìilàngàna. Ku lwèndè luseka, màmwenèndè ùdi ùmulondela maalu àà mu dîku, ùmuleeja mùdi malelà mabwelàkàna, ùmudìmuja ku nsòmbelu. Nkàlaasà kajimà kàdì nsongàkàjì ùpeta.

Pàdì baledi bàà mulùma kabàyikù, bàdi bàya kufìla mukàjì kwà mwanààbò nè mulùma nànsha kwà mulelà wendè. Kàdi pàdìku kakùyi mulelà, bìkèngela bwà sè mukàjì àya dyàkàmwè ku lubànzà lwà mulùma, mamwĕndè wa mukàjì kêna uya to. Nsongàkàjì ùyaaya nè bâna bààbò. Mulùma ùdi ùbààkidila ku cibwelelu, ùpèèsha mukàjèndè nzòòlu wa mwakanu nè wa macùwà wakulàmbayì nèndè nshìmà yàkumpàla mu lubànzà lwàbò. Ùdi ùlongolwela beenyi bèndè didyà dyà nsongu. Pakupinganabò, mulùma ùdi wèla màkùtà àà ndingudingu mu bisakà bìvwàbo bavwà naabì bwà kulayangana nè beenyi bèndè.

(*Leelù, cilèlà eci cìdi cyènda cìshintuluka bilondèshìla nsòmbelu wa mu bimenga binèna. Misangu mivulè, bàdi bìipidija dishààlà dyà nsongàkàjì mu lubànzà lwà màmwenèndè, bènza ndingudingu yà mikìiyà ditùku dìimwèdìmwè, byônso bìjikilamù. Bânga baledi bàdi bàya kufila mmwanààbò kumbèlù kwà màmwěnèndè anyì kwà tùùtwêndè wa mulùma mu diitânu dilòòlò. Disambòmbò anyì dyà lumingu, mamwěndè wa mulùma ùdi uya kubanjija bâna, bàlàmba byà kudyà byà mwenji, bàdya nè beena dîkù bàdì bayà pààbò bwà kufila mukàjì kwà bàyendè).*

## 4.8.4. Dibanjija dyà bâna kùdì mamwĕndè wa mulùma

*4.8.4.1. Disàpwila dibàkà nè difîlà dyà nsàwù*

Dibanjija mmudimu ùdì ùkùngama mamwĕndè wa
mulùma. Yêye ke udi upèèsha babàka mwânzù anyì
bukenji bwà kwasabò lwàbò lubànzà. Ke dibàbanjija
diinà. Tudi tubala kùdì J. Mbuyi20 nè, pa kala,
mamwĕndè wa mulùma ùvwa « *ùya kubanjija mukàjì wa*
*mwanèndè nè mwanèndè poopàmwè* ». mmùmwè nè,
ùvwa ùbanjija bâna bônso. Nènku pàvwà mamwĕndè wa
mulùma ùmòna sè, dîba dyăkùmbanyi dyà kuya kufîla
mukàjì mupyamùpyà kwà bàyendè, ùvwa ùkòbola mu
musòkò, ùmanyisha beena dîku bônso nè balundà
mwandà ewu. Ke « *disàpwila dìbàkà* ». Nènku bantu
bàvwa bàfîla makula, byà kudyà… Mamwĕndè wa
mulùma ùvwa ùpàya pèndè mukàj'a mwâna,
pakumusùmbila ngeesu, màlòngò, makula, kantu kônsò
kàà mu cìkukù kàdì kàkèngediibwa bwà kubanza naakò.
Yêye ke uvwa usùmbila bâna dicyùwà dipyadìpyà.

(*Leelù, bilondèshìla mùdì nsòmbelu wa mu bimenga*
*binène, cilèlà eci kacyèna cyènzeka kàbìdì bu pakala to.*
*Baledi bàà mulùma bàdi bàmanyisha balelà nè balundà*
*disèlà dyà mwâna. Bantu bàdi mwà kufîla kààlumbandì*
*kùdì nsongàlùma anyì kwelesha baledi dibòko bwà cibìlu*
*pa kufîla màkùtà àà kulongolola naawù cibìlu anyì*
*bàsùmbila mwâna bintu byà mu nzùbu kùjika pàakù*
*nànku. Kamwèna lungènyì lwà dibanjija dyà mukàj'a*

---

96

*mwâna nè bàyendè to. Pakutàngila, bààbûngi kabàcyèna bamanyà bukenji bùdì naabò mamwĕndè wa mulùma bwà kuya kubanjija bâna to. Pàdìbo bààkula bwà dibanjija, bàdi bèèla menji ànu kùdì mukàjì nè kùdì mamwĕndè wa mukàjì. Nènku, disangishila dyà mwâna bintu bu mùdì makula, ngensu, màlòngò, leelù dìdi dyènzeka nangànangà ànu kuluseka lwà baledi bàà mukàjì. Bìdì byamba ebi bantu bakesè bàcìdì babìmanyà mbàdì bàbyènza. Mu tunungu tùdì tùlonda etu, tudi tutùngunuka nè J. Mbuyi bwà kuleeja mùvwà mamwĕndè wa mulùma ùbanjija bâna pa kale. Netùkebà mwà kusàkidila misangu yônso dyumvwija dyà mukìiyà wônso nè kiipàcìlà. Ne tùfìlà mu cikòsù bìdì mwà kwenzeka mu bimenga binène bwà bàdì bàjinga mwà kukùmbaja mukìiyà ewu mu kaabujimà kààwù, bàmanyà mùdìbyo mwà kwenzeka).*

*4.8.4.2. Diteemesha dyà kadilu nè dyàmbika mukàjì bukenji*

Ditùkù dyà dibanjija, bu pììkalà mukìiyà ewu mwà kwenzeka mu kaabujimà kààwù, mamwĕndè wa mulùma nè beena dîku bàdi bàmbula byônso bìdìbo balongòlwèla mukàjì nè mabùkì àvwà baledi bèndè bavwà kumushìndikija naawù, bàya kumufikisha kwà bàyendè. Pàdìbo bàfika :

- Mulùma ùdi wàkidila mukàjèndè, ùdi ùmupèèsha *nzòòlu wa macyùwà*. Ùdi ùlongolola kàbìdì byà kwakidila naabì beenyi bônsò bàdì bavwà bwà kubàbanjija.

- Mamwĕndè wa mulùma ke udi nè bukenji bwà

kuteemesha kapyà kàà kumpàla mu nzùbu mwà bâna. Pa kwakisha dicyùwà, ùdi wàmba nè: « *bâna bàsombè mu nzùbu ewu bilenga. Kabàsaami, kabàmònyi bwalu bubì, mukàjì wàlàmba bidyà bibobè, kàlàmbi bibìshi* » (Muntu ùdi mwà kuvudija mêyi a'a mùdìyi muswà).

- Bàdi bàshipa nzòòlu, bàlàmba bìvwàbo basangìsha nè bìdì mulùma mufîla, bantu bônso bàdya, bàsànka.
- Bantu bàdi bàtwa dikàsà dyà cyanga bwà kusàwila dibàkà dyà bâna. Ki ditwà dyà « *mikùmà yà nsàwù* ».

**Dyumvwija nè kiipàcìlà kàà mukìiyà ewu :**

**- Dyambika bukenji :**
Mamwĕndè wa mulùma ùdi ùteemesha kapyà kàà kumpàla mu nzùbu wa mwanèndè bangabanga nè kupèèsha mukàjì wa mwanèndè bukenji ebu. Ebi mbwà kuleeja nè, mudimu ùvwàyi naawù wà kuvùluka mwanèndè pa kumulàmbila, kumucyùnga ku maalu ônso wăjikì. Mudilu ùdìyi ùteemesha leelù bwà kulàmbila mwanèndè ngwà ndekeelu. Bukenji bwà kuvùluka mwanèndè, ùdi ùbwàmbika mukàjì.

**- Dishìndika mukàjì pa kaaba kèndè kàà mwena lubànzà :**
Mukìiyà ewu ùdi ùjika nè dikàsà dyà maja dìdìbo bàtwìla beena dibàkà. Eci mbwà kujaalamija mukàjì mu *buumukalenga mwadì wa lubànzà.*

### 4.8.4.3. Dibanjija diinà

#### *4.8.4.3.1. Cifùndù cyà cijèngù*

Bamanà kudyà bajikìja, batwà cyanga bajikìja, mikììyà
ìdi ìtwàdija:
- Mamwĕndè wa mulùma ùdi ùzòla nè lupèmbà lutòòka
cijèngù panshì mu lutanda ku cibwelelu cyà nzùbu anyì
pa bulà. (Bàdi mwà kutèèka lubènji bu pa kala anyì
dìlòngù dinènè dyà cijèngù).
- Mulùma ùdi wìmana mu cijèngù emu, pashììsha
- Ùdi ùpàtuka, bamukwàta ku cyanza kùdì mamwĕndè nè
umwe wa ku bânà bààbò. Bàdi bàya nendè too nè mu
mushìkù wà mbèlu, mùdì mukàjì mwindìla.
- Mamwĕndè wa mwâna ùdi ukwàta mwanèndè nè
mukàj'a mwâna ku cyanza, ùbàbweja nzùbu,
- Ùdi ùbàshikamija pa nkwasa mu nzùbù mwàbò.
(*Pa kala bàvwa bàbàshikika pa bulààlu*).

**Dyumvwija nè kiipàcìlà kàà mukìiyà ewu :**

**Dijaadika dyà dibàkà :**
- Dibweja dyà mwâna mu cijèngù mbwà kumusukula nè
kumuseesula ku makolà mabì ônsò àà bukwă pànu.

- Dipàtula dyà mwâna mu cijèngù dìdi dìleeja nè, mwâna
ùdi ùpàtuka mu nzùbu wa baledi, kàkùyi cyà
kupampakeena, bwalu ùkaadi museesula ku makolà mabì
ônso.

- Dibweja dyà mwâna nè mukàjèndè mu nzùbu didi dìleja
sè, maamù wălekèlèdì mwoyi bulelèlà. Wĭtàbì bwà sè,

mwâna àlamukà kùdìyi àlamatà mukàjèndè, băsa lwàbò lubànzà.

- Pa kale lubènjì bu mùdìlu lwà cijèngù, ki lùvwàbo bàmana naalù mukìiyà ewu. Cijèngù cìdi cìleeja kabùlùngù kàà buloba nè mukici wàbò.

- Dipàtuka dyà nsongàlùmà mu cijèngù bwà kuya mwaba ùdì mukàjèndè dìdi dìleja sè, ùdi ùshìya byônso uya kùdì mukàjèndè bwà kutwàdija nsòmbelu mupyamùpyà.

- Dikwàtà dyà mwâna nè mukàjèndè ku cyanza dìdi dìleeja nè mamwĕndè wa mulùma ùdi wàkidila mukàjì wa mwanèndè nè mwoyi mulenga. Ùdi wìtaba dibwela dyèndè mu dîku. nè ùmwangata bu mwanèndè. Ùdi ùlekelela mwoyi, wìtaba kàbìdì nè, mwanèndè wa balùma wăkolù, àlamukà kùdìye ăsà lwèndè lubànzà. Ùdi ùleeja kàbìdì nè, mmuswà dyàkalenga dyà mwâna nè mukàjèndè.

- Ku luseka lwà nsongàlùmà, ùdi pèndè wìtaba nè wăkolù, mbîmpà àlamukà kùdì mamwĕndè àlamatà mukàjèndè bàdyĕnzèlà àabò maalu mu lwàbò lubànzà.

- Dibweja dyà bâna mu nzùbu wabò nè dibàshikika pa nkwasa dìdi dìleeja nè, mamwĕndè wa mulùma ùdi ùpa bâna bukenji bwà kujuula lwàbò lubànzà nè ùjaadika nè mwaba ewu wăjuukì lubànzà lupyalùpyà. Bâna băkolù, băbwedì mu dibàkà bulelèlà.

**- Dikòsesha dyà mwâna dibèèla nè ditùùkà dyà mûmfu :**
Mukìiyà ewu ùdi ùmvwija kàbìdì nè, bwânà bwà mulùma

bwăjikì leelù. Mûmfu wătùùki. Maamù ùdi ùkòsesha mwanèndè dibèèla, ùkòsa dila dyà munda dìvwà dilamìka mwâna kùdìye. Ùdi ùlekelela mwoyi, bwà mwâna àdiikàdìlè. Ku lwèndè luseka, mwâna pèndè ùdi ùlekela dyamwa dyà dibèèlà dyà mamwěndè. Ùdi wìtaba sè, leelù bwânà bwămujikì, wăvu muntu mukolè.

### 4.8.4.3.2. Dibèènesha dyà ndekeelu
- Mamwěndè wa mulùma mumanà kubweja bâna mu nzùbu mubàsòmbèsha pa nkwasa ùdi wàmba nè:
- « Twanùbanjìjì, shààlaayi nutantè, nùmonè yèènù ndelàngànyì nè tunkànunwînà twàyò »
(Muntu ùdi mwà kwamba mêyì àà dibèènesha nè dilaya naawù bâna mùdìyi mumòna).
Pashììsha bantu bônso bàdi bàtangalaka.

(*Leelù, bwà bìdì bìtàngila mishìngà yà dipàtula nsongàkàjì mu nzùbu wa baledi, bitwàdìja ku ḍyela dyà mwâna lupèmbà kùdì taatù, dimwela dyà tupya twà myonjì kùdì maamù nè ku dimubanjija kùdì màmwenèndè, baledi bàbûngi kabèèna kàbìdì bàyìkùmbaj. Bààbûngi bàdi bàshììkidila ànu ku difìlà dyà byûma nè diya kufìla mushika wàbò kù baabàyendè*).

*Mu mukàndà wèndè : « Ndi Mulubà », L. Kabasele ùdi ùfila lungènyì lwà kwenza cifìngù cyà dibàkà musangu ùmwè: kufìla mukàjì kùdì bàyendè, kufìla nè byônsò byà kumubanjija naabì, kukùmbajilamù mikììyà yônso ditùkù dyà difìlà dyà byûma*21

---
21 L. Kabasele, « Ndi Mulubà », éd. Panubula, Louvain-la-Neuve, 2004, p. 256-276

## 4.8.5. Didyacisha dyà bakù

Bâna bamanà kubanza, mulùma ùdi ùdìlongolola bwà kwakidila baledi mu lwèndè lubànzà. Ùdi wànji kubììkila bakù bèndè ùbàdììsha.

### 4.8.5.1. Dyakidila dyà baledi bàà mukàjì

**- Didyacisha dyà mukùlw'a bantu :**
Mulùma ùdi ùbììkila mukùl'wa bantu mudì wa byûma nànsha mwanèndè pàdì mudì wa byûma kàyipù. Pàdì muledi ewu ùbwela mu nzùbu, mukù ùdi ùmupèèsha dìkùtà mu cyanza dyà mwakanu dyà kumusòmbesha naadì panshì. Kunyimà kwà didyà, mulùma ùdi ùpèèsha mukù wendè udi muvwà kudyata dìkùtà dikwàbò dyà lwendu bwà kumulaya naadì.
Pàdì mukùlù ewu kàyi pabwîpi, mulùma ùdi mwà kufìla nshìma myûma anyì baledi bèndè bàdi mwà kukùmbaja mukììyà ewu pamutù pàà mwanàabò.

**- Didyacisha dyà tatwĕndè wa mukàjì:**
Mukùl'wa bantu mumanà kuya kudyata, mulùma ùdi ùbììkila tatwĕndàmwenu. Ewu ùdi mwà kuya kwà mukù nè wendè mulundà nànsha nè mwanàabò. Mukù ùdi ùmwakidila ànu mùvwàyi mwakìdìla mukùlw'a bantu.

**- Didyacisha dyà mamwĕndè wa mukàjì :**
Mudì wa byûma nè tatwĕndè wa mukàjì bamanà kudyatà, mukù ùdi ùbììkila màmwenèndè. Ewu ùdi ùmanyisha pèndè bâna bààbò bàdì pabwîpi bwà bàya kumufìla. Mukù ùdi ùbàlàmbishila cyà kudyà. Ùdi wènza byà mwomùmwè nè mukù yônso udi uya kudyata. Pàdì

mukìiyà ewu kawùyi mukùmbaja, mamwĕndè wa mukàjì
kêna mwà kutuuta museesu kwà mwâna nànsha kudyà
cintu cifùma kùdì mukù wendè to. Ki bwalu kaayì,
kîmbîmpà kupìta kuleepesha maalu. Bìdi bìkèngela nè,
baledi bìikalà bàlondela bâna malu a'a, bwà bàmanyà cyà
kwenza dîbà dìdìbo bàbwela mu dibàkà. Ku lwàbò
luseka, bâna bàdi mwà kuya ku lubànzà lwà baledi bu pa
ciibidilu.

### 4.8.5.2. Dyakidila dyà baledi bàà mulùma

Mulùma ùdi kàbìdì nè bukenji bwà kuleeja baledi bèndè
lwèndè lubànzà. Nànsha bôbo balùmanyà, bìdi bìkèngela
nè, bu mwăsèdiyì, àbwejà baledi bèndè mu nzùbu
patòòka, àbàlàmbìlà mùvwàyi mwenzèla bakù bèndè bwà
bàdyà nshìmà milàmba kùdì wendè mukàjì.

### 4.8.6. Diyà kumòna bâna kùdì baledi

Pàdì bâna basòmbela kule, baledi bàdi mwà kubèndela
bwenyi. Bâna bàdi mwà kubàakidila mu lwàbò lubànzà.
Kubàsànkisha, kusòmba naabò bilenga bwà bàpinganà
kwàbò nè disànka nè luumù. Dîba dyônsò dìdì muledi
kumbèlu, bâna bàdi nè cyà kusòmba tàlàlà, kwepela
matàndu nè lutooyitooyi. Nsòmbelu mubì ùdi ùleeja nè,
bâna mbaswà kwipata baledi bààbò kumbèlu.

Ku lwàbò luseka, baledi bàdi mwà kuya kumòna bânà
bààbò, kubàsòmbesha pààbò matùku macincila, mabala
ku minu. Pakuumbusha kwôku kwikàla bulongolodi bwà
sè bàsombà kashidi mwaba ùdi bânà bààbò. Mu disòmba
edi, baledi bàdi bèèpela bwakùlàvì nè dituutakaja bâna pa

kujuula ndululu munkacì mwà bâna nànsha munkacì mwàbò bôbo biinà. Mamù ùdi wèpela bwà kupìta kulondolola mukàjì wa mwanèndè mu twalu twônso nè kushintulula bwèndè bulongolodi. Baledi bàdi bènza mwàbò mwônso bwà kusòmba badìpòpa bwa sè, bâna kabàvu kubàpanga kaneemu. Bàdi bèèpela bunwàvì bùdì mwà kubàfikishisha ku bwakùlàvì. Bìdi byà mwomùmwè nè bwà mukùlù wa mukàjì anyì wa mulùma. Bôbo aba bàdi pààbò mu mulongo wà bakù.

## 5. Dibàkà dyàngata nè Beenyi

**- Mukàjì wa balubà :**
Pàdì mulùma mwena cisàmbà cikwàbò nîmmufìika,
nîmmutòòka ùswa kusèla nsongàkàjì wa balubà, ùdi
ùlonda biibidilu byà kù baa mukàjì. Bìkèngela nè, èèbejà,
àkebà mwà kumanya mùdì maalu àlondangana nè mùdì
nsòmbelu wa kù baamukàjèndè. Dîba edi, mulùma ùdi
ùfìla byûma bu mùdìbi nè cyà kwenzeka.

**- Mulùma wa balubà :**
Pàdì mulùma wa balubà ùswa kusèla mukàjì wa cisàmbà
cikwàbò, ùdi ùlonda pèndè bìdì bakù bèndè bamwambìla
bwà kwenza bangabanga nè kusèla mwanààbò.

Pàdì mukàjì mwikàla wa matùnga àdìbo kabàyi bamanyà
bunêmà bwà byûma, mulùma ùdi wànji kumvwija mukàjì
mùdì nsòmbelu wa balubà bwà àmanyà pèndè mwà
kusòmba nè beena dîku, balelà nè balundà. Udi ùlondela
mukàjì ngumvwilu wa dibàkà, ùmvwija kàbìdì nè byûma
biinà ncinyì. Bangabanga nè kubìfìla, ùdi ùmvwija baledi
bàà mukàjì kafìdìlà kàà byûma nè ngumvwilu wa balubà
wa mwandà mujimà.

Bu mùdì ngumvwilu wa maalu mushìilàngàna nè wabò,
bìdi bìkèngela kufìla cintu cyênza bu kààlumbandì kùdì
baledi bàà mukàjì. Ùdi mwà kufìla bu mùdì cimfwànyì
anyì cilengejilu kampànda cyà mu nzùbu anyì civwàlu.
Ditùkù dìdì mulùma ùya bwà kufìla kààlumbandì aka, ùdi
ùya nè baledi bèndè anyì mulundà pàdì baledi kabàyi
pabwîpi. Baledi bàà mukàjì bàdi bàbàlongolwela cyà

kudyà bwà kubààkidila naacì.

**- Difìlà dyà kààlumbandì** :
Baledi bàà mukàjì bamana kulongolola ku mwandà ewu, bàdi bààkidila bakù bààbò. Pàdì beenyi bàfika, bàdi bàbàbweja mu nzùbu, bantu bônso bàsòmba. Muledi wa mukàjì anyì mwanààbò ùdi wèbeja beenyi cìdìbo bavwîla?
- Mulùma ùdi wàmba nè : mêma ndi X.., bândì muvwà naabò mbaabà XXX. Mu wetù mwènenu wa malu, dibàkà kadyèna ditàngila ànu beena bwalu (mulùma nè mukàjì) to, dìdi dìtàngila kàbìdì baledi, bwalu bôbo ki bândì mvwa kulòmba dyanyisha bwà kusèla mwanààbò. Nènku mwaba wà baledi ùdi munène. Leelù, ndi mufìkà bwà kunùjadikila kumpàlà kwà baledi bàànyì nè kwà tumònyi sè ndi nè dijinga dyà kusèla mwanèènu ewu X (ùtèèla dîna).
- Udi ùpàtula dibùkì dìdìyi mwênda naadì, wàmba nè:
- Anyìshaayi nwàngatà kàànyì kààlumbandì kândì munùtwàdìla aka.
- Udi ùfila dibùkì kùdì baledi bàà mukàjì.
- Bu mutùdì mu ditùnga dìdì dììtaba ànu mukàndà mufùnda, mulùma ùdi ùpàtula mukàndà mumanà kulongolola mufùnda bìdì bìlonda ebi :

«Mêma mukalenga …X…, ndi ndeeja dijinga dyà kusèla in'abànzà …Y… kumpàla kwà baledi bèndè, kwà bàànyì baledi nè kwà tumònyi tùdì panshì apa. Ndi mfila kààlumbandì aka bwà kuleeja dinanga dyà mukàj'aanyì»

Pashììsha, mulùma, baledi bàà mukàjì nè tumònyi bàdi bàtwa cyâla ku mukàndà.

Cìtampì :

Mulùma                    Baledi


      Tumònyi tùbìdì


Bônso bàdi bàtuuta lukàshi, bèèla babàka mwoyi. Kunyimà, bàdi bàdyà byàkudyà bilongolola kùdì baledi bàà mukàjì.

***

# MIKANDA MIBALA

(Basanga)     *La civilisation de la femme dans la tradition africaine. Colloque d'Abidjan du 3 au 8 juillez 1972*, Paris, 1975.

(Basanga)     *Code de la Famille, mu : Journal Officiel de la République du Zaire*, Kinshasa, 1987.

Bilolo, M.,     *Die Frau in der afrikanischen Grundphilosophie.* Mu: AASF e.V. (Hrsg.), Jahrbuch: *Frauen und Verantwortung in den Kulturen der Länder Afrikas und Asiens,* Göttingen, 1994, p. 1-41. (*Mukaji mu nKindi miShindame ya Afuluka.* Mu: *Bakaji ne Bujitu bwabo mu Ngikadilu ya Matunga a Afuluka ne a Azi*)

Bujo, Bénézet     *Plädoyer für ein neues Modell von Ehe und Sexualität. Afrikanische Anfragen an das westliche Christentum,* Freiburg-Basel-Wien, 2007 (*Dikeba njila mupiamupia bwa Disela ne Dibakangana. Nkonko idi Afuluka wela Cyena-Yesu cya Mputu*)

Colle, C.,     *Le mariage chez les Bashi*, Revue Congo (Nov., 1922).

Hulstaert, G.     *Le mariage chez Nkundo,*

Bruxelles, 1938.

Kabasele Lumbala, *Ndi Mulubà,* Louvain-la-Neuve, 2004.

Kabengele, C., *Structure et fonctionnement de la parenté dans un village luba-Kasaï,* Mémoire de licence, Université Officielle du Congo Lubumbashi, 1967-1968

Kabongo, K. & Bilolo M., *La Conception Bantu de l'Autorité.* Suivie de *Baluba : Bumfumu ne Bulongolodi,* Munich-Kinshasa, 1994.

Kalend'a Mwamba, *Shaba, Kasaï, où en sont nos coutumes?* Université catholique de Louvain, Duculot-Gembloux ,1981.

Katanga-Tshitenge J., *Grandes périodes éducatives chez les Baluba.* Essai d'étude du système éducationnel chez les Baluba du Kasaï, Kinshasa, 1969.

Levi-Strauss, C., *Les structures élémentaires de la parenté*, P.U.F., Paris, 1949.

Lufuluabo, F., M., *La notion luba-bantoue de l'être.* Mu : Documents et Recherches (Bakwanga), 1964.

Lufulwabo, F. M., *La Notion Luba Bantoue,* Louvain, 1964.

Lutumba, J., *Le mariage chez nous, hier et aujourd'hui.* Mu: Revue Congolaise, 3 (1958).

Mabika Kalanda, *Tabalayi*, Léopoldville, 1963

Mabika Kalanda, *Baluba et Lulua, Une ethnie à*

*la recherche d'un nouvel équilibre*,
Bruxelles,1959

Mbuyi Wene Bwila, *Bankambwa betu.*
*Mamanya mashindame a banyinka*,
Kinshasa, 1972.

Mbuyi, J., *Dibaka Dikuakabukulu mu Balubà*
*nè mu BeenaLuluwà nè mu bìmwè*
*Bisàmbà byà mu Kasaayì.* Textes
Lubas Anciens relatifs au Mariage
coutumier Collectionnés par Joseph
Mbuyi, (Mpokolo Série 1 : Sources
Populaires Kassayiennes n0 3), Ed.
Dyaasameeji, Kinshasa, 2006

Mpoyi, L., *Lwendu lwa Baluba,* Mbujimayi,
1966.

Mukenge, L., *Croyances religieuses et structures*
*socio-familiales en société Luba,*
*(Bwena Muntu, Bakishi, Milambu).*
Mu : Cahiers Economiques et
Sociaux, Vol IV, n°1, IRES
(Lovanium-Kinshasa), 1967.

Mulago, V., *Le mariage traditionnel bantu,* in
RCA., 26 (1971), S. 5-61.

Tshimbombo Mudiba, *La Famille Bantu-Luluwa*
*et le Développement,* Kananga,
1983.

# Cikèbelu

111

www.ingramcontent.com/pod-product-compliance
Lightning Source LLC
Chambersburg PA
CBHW071749270326
41928CB00013B/2853